博瑞森图书 BRAGE

企业阅读 本土实践

管理·人文·生活

让用人回归简单

宋新宇博士帮你解决用人难题

宋新宇◎著

北方联合出版传媒（集团）股份有限公司
万卷出版公司

图书在版编目（CIP）数据

让用人回归简单：宋新宇博士帮你解决用人难题／宋新宇著．—沈阳：万卷出版公司，2011.8

ISBN 978-7-5470-1419-6

Ⅰ．①让… Ⅱ．①宋… Ⅲ．①企业管理：人事管理 Ⅳ．①F272.92

中国版本图书馆 CIP 数据核字（2011）第 154085 号

出版发行：北方联合出版传媒（集团）股份有限公司
万卷出版公司
（地址：沈阳市和平区十一纬路 29 号 邮编：110003）
印 刷 者：三河市文阁印刷厂
经 销 者：全国新华书店
幅面尺寸：160mm×230mm
字　　数：105 千字
印　　张：11.25
出版时间：2011 年 8 月第 1 版
印刷时间：2011 年 8 月第 1 次印刷
责任编辑：万　平
ISBN 978-7-5470-1419-6
定　　价：36.00 元

联系电话：024-23284090
邮购热线：024-23284050 23284627
传　　真：024-23284448
E-mail：vpc_ tougao@163.com
网址：http://www.chinavpc.com

常年法律顾问：李　福

如有质量问题，请与印务部联系。联系电话：024-23284452

宋博士是“唱戏”的人

著有畅销书《海底捞你学不会》
北京大学光华管理学院访问教授　　黄铁鹰
原香港华润创业有限公司董事总经理

同宋博士不熟，只匆匆见过两次；对他了解也不多，只读过他这本书。但不知为什么，感到可以同他推心置腹聊天。人就是奇怪。有些人，在一个办公室共事十几年，可是中间总有堵墙；有些人，可以一见如故。

相信宋博士对我也有这种感觉，否则，他不会萍水相逢，请我给他这本书写序。他知道我一定会写，因为我们俩在对企业管理的认识上，很多理念相通。给宋博士这本书写序是我的荣幸。相信这本书一定会成为中小企业主的必备书。

企业主没有不为用人发愁的。企业主没有不为这件愁事去逛书店的。可是书店里摆在显眼地方教企业主用人的书，全是稻盛和夫、李嘉诚、韦尔奇、王石、柳传志、马云等成功企业家的。于是，每个中小企业主的手里都会有几本这样的书！

可是怪了，做梦都想成功的中小企业主们，照这些成功企业家用人的方法去做，怎么就不灵？

再于是，他们开始上下求索去听讲座、上商学院、请咨询公司，试图把用人的科学方法学到手，可是依然不灵！

为什么？

因为人和人不同，天下没有两个一样的人！每个人的简历除了表明民族年龄性别学历资历身高体重外，没有一个像电视机那样的使用说明书。所以，知道了人的共性，并不代表你能用好张三李四每一个具体的人！

然而恰恰是每一个人的特性，才是用好他的关键。

这就是宋博士这本书告诉你的。

为什么空降 CEO 失败率高？因为他不熟悉刚刚接手的、由一个个他以前不认识的具体的人组成的新公司。只有熟悉这些人的特性，才能用好这些人。可是老板都想让高薪挖过来的 CEO 快点出成绩，结果，CEO 也就只能假设：此 CFO 就是彼 CFO，此 COO 就是彼 COO，此 CTO 就是彼 CTO……每个职位的人都具有那个职位要求的基本功能（统一的电视机使用说明书），结果一加油，这辆浑身是特殊毛病的二手车抛锚了！

这也是宋博士的书告诉你的。

其实，一个外面挖来的管理者至少需要两到三年时间，才能把一个公司的人、文化和经营环境搞清楚，只有此时，他才能真正发力。而从内部培养一个管理者也需要两到三年的时间，可是老板们都没有这个耐心。结果，花了大钱，还翻了车。

因此，宋博士建议：专业人才可以外聘，经营人才最好自己培养！

管理者的重点应该在哪儿？

当然是人和目标！

管人的重点在哪儿？

第一管理自己，第二管老板，第三管同事，第四管客户，第五才是管下属！

管理者 80% 的管人精力应该放在前四种人身上，这样才能事半功倍！

可是老板、同事和客户怎么管？

这就是管理的精髓。

老板目标远大，站得高看得远，但缺点是对第一线没有你了解，如果你不能把第一线最重要的信息让老板明白，不仅企业要翻车，你和你的部门也没有好果子吃。

同级同事你当然不能命令。如果你用人当前、不用人当后，平时不主动配合别人，你怎么可能在关键时候，期望别人的额外的配合？！

这还是《让用人回归简单》一书所告诉你的方法！

我为什么愿意推荐这本书？

因为我也曾管过 16 年的企业，管企业的人最讲究的是操作性，没有操作性的建议对企业一分不值。

比如，老板选人最难的地方在三点：一、能干的人少；二、能人身上毛病多；三、人看不准。

所以，选人的真实情况都是妥协。可是妥协需要原则，如果你选人只有一个标准，这个标准是什么？有两个标准呢？

另外，干部出问题了，是人选错了，还是用错了？用人和选人谁重要？

最正确，也是最滑头的答案一定是选人和用人都重要。

可是哪个更重要？

只有回答这个问题，才能找到侧重点：继续注重选人，还是注重改善用人政策？

本书给你的答案一定不是模棱两可的！

我为什么相信这本书能成为中小企业主的工具书？

除了上面的原因之外，这本书不像一个博士写的，因为其中最难的词汇就算战略和文化了。可是宋博士不仅是北大的高考状元，还是德国科隆大学管理学硕士和经济学博士。

一个读了这么多书、拿了这么多学位的人，把用人这个管理领域的皇冠，能用这么平实的语言讲明白，只有一个解释：他不仅治学严谨，更重要的是——他在真刀真枪管企业。

管理是实践的艺术。看戏和唱戏就是不同。宋博士是唱戏的人。

自序 人才管理的八大趋势

《老板学》教程中，我认为老板及管理者应该学习的第一课不是经营与管理，而是了解、顺应和利用“天下大势”。在管理者最为头疼的用人问题上，管理者同样应该掌握人力资源领域的大趋势、大潮流、大方向，只有这样才能事半功倍。

经历了三十多年的高速发展，中国人力资源领域的未来趋势是什么？我认为以下八大趋势值得关注：

一、人才已经成为企业里最重要的资源

一些人事管理者不喜欢把人称为资源，认为不应该把人和其他资源如土地、物料、设备、信息、技术、渠道、产品、客户、市场等并列，认为这样物化人会降低对人的意义的认识。我认为把人才称为什么并不重要，关键是老板和管理者真正意识到人才的重要性，有能力帮助自己构建未来的人才观。松下幸之助有过这样的自问自答：“松下是生产什么的？是生产优秀人才的，顺便生产电器!”如果我们也有这样的领悟，如果我们相信人比机器重要，我们就会把与人相关的投入如招聘、工资、奖金、福利、培训和培养当作投资而不是成本。正确的人才观将是我们在竞争中取胜的关键。

二、人才竞争将越来越激烈

这个趋势是显而易见的：中国的人口红利正在消失，劳动力整体供给将会减少，而对劳动力和人才的需求还将随着经济的持续增长而增加。劳动力市场上过往的买方市场（即企业占优势）正逐步变成卖方市场（求职者占优势）。而新生代价值观的转变——更追求自我实现，更追求生活和事业的平衡——也让很多管理者传统意义上喜欢的人才，即以事业为中心的人，供应量大为减少。

三、人才数量与质量的两难还将持续

第二届易中年会上，北大经济学院睢国余教授预测，未来十年中国经济还将以平均7%以上的速度增长。我也相信这个判断，即中国发展的速度会比前三十年慢一些，但和其他国家及经济体相比还将会高速增长。高速增长导致对人才数量的需求只会增加而不会减少，同时正在发生的企业模式的转型还将导致对人才质量的要求大幅上升。这导致中国企业在人才管理上将持续处于两难境地：既要有数量，又要有质量。

四、人力成本的增加无法遏制

三个原因导致人力成本增加无法遏制：一是人才供应短

缺导致结构性的人事成本上升，二是通货膨胀预期导致基本工资的上升，三是政府劳动保障、社会福利等方面的强制性要求导致的其他人工成本的上升。这三个成本驱动力短期内不会改变，企业必须从战略上做好长期应对人力成本上升的准备。

五、人才的问题将越来越难短期解决

过去三十年的高速发展导致很多企业得了“快跑综合征”：企业规模越来越大，新手越来越多，管理能力大大稀释，从产品、服务到内部管理各个方面的质量越做越差。和国外相比，总监级中国管理者的平均年龄要小 8～10 岁，而对这些人的培养期要少 3～5 年。这可能是很多知名企业出大问题的根本原因。以前这个问题短期内得不到解决，未来短期内也不会得到解决。原因是我们对人才素质及能力要求不是降低了，而是提高了，因而理论上需要的培养时间更长。而中国现有的教育体系不能有效提供人才供应的解决办法，同时“职业经理人”的概念也已经被证明并不适合中国。顺应这个趋势唯一可行的办法是自己长期花时间培养人才，用苏宁张近东的话说：自己培养自己的“事业经理人”。

六、80、90 后带来新的人才管理难题

智联招聘最近有一个对 7000 多位 80 后员工的调查，其中的一个问题是“你为谁工作?”接近一半的人回答说既不是为公司，也不是为职业，而是为自己。和 60 年代、70 年代的人相比，新一代的员工在价值观和行为方式上有非常大的变化，这将给企业带来新的管理难题，企业需要重新审视自己的文化和模式。

七、女性将是越来越重要的人力资源

如果说以上的大趋势都是让我们的人才管理越来越困难的环境变化，那么有一个好消息是女性作为未来越来越重要的人力资源提供者，将帮助很多企业化解难题。中国的人口政策使女性可以有更多的精力去工作，同时，女性具有独特的优势，无论是在服务上还是在管理上。如果企业能善用女性人力资源，将可以建立自己独特的竞争优势，就像花旗银行做到的那样。

八、人力资源管理工作越来越重要，但急需转变

一个资源越重要，管理这个资源的人就越重要。因此，企业的人力资源管理者和人力资源管理部门将变得越来越重要。但现在大部分企业的人力资源部仅仅在管企业和人相关的“事”（发工资、算绩效、跑社保、招人），而没有像老板和管理者希望的那样，能够帮助企业发现、吸引和留住人才。如果说人才管理对大部分企业来说将上升到战略层面的话，人力资源管理者也应该成为“战略人力资源管理者”。而要做好这一点，最重要的事情是熟悉和理解业务，而不是自视为专家，只关注自己的本位。

整体而言，人才管理和用人的问题只会越来越难，不会越来越容易。要解决这个难题，我相信老板、管理者和人事经理需要有共同的、正确的人才观，要学会正确的用人之道，使用正确的人才管理方法，修炼自己的做人和管人能力。只有做到这些，才能让我们的用人回归简单。

宋新宇

2011 年 7 月 12 日于华亭

目录

［第2篇］ 用人的难题与误区

［第3篇］ 用人的方法

【第1篇】用人的原则

人是最复杂的，但潜力也是无限大的。
帮助我们打破人的极限的是好的管理，
是用人、管人之道。

❶ 为什么人难管

人为什么这么难管理？因为人是一种复杂的动物。每一个人都有不相同的能力。人和人还有着完全不同的做事动机。极少有个人的目标（动机）是和企业的目标完全重合的，这就是人难管的最根本原因。但如果我们管理得当，人的潜力就是无限大的。能帮助我们打破人的极限的，是我们好的管理，是我们的用人和管人之道。

管理是和人打交道，而人是最难管的。

我想这是作为管理者的我们共同的感受。

质量管理大师戴明有过这样的说法："以我的经验来看，人们可以应对除了人的问题以外的任何问题。他们可以长时间地工作，可以应付日益衰落的企业，可以面对失业，但是他们不能应付人的问题。”

那么，人为什么这么难管理？

因为人是一种复杂的动物。

管理一台机器是一件挺容易的事情。我们只要知道机器的结构、性能，只要认真阅读了使用说明书，基本上就能掌握这台机器，还会知道有什么样的投入，它就会带来什么样的产出。

而人是比普通机器复杂得多的机器。我学过社会学、心理学，也学过人类学。然而，所有这些学科都无法给出一个让我们每个人都认可的关于人的“说明书”。

机器和机器都是相同的，而人和人却是有差异的，这是我们管人的第一个难点。

每一个人都有不同的能力。有人强，有人弱；即便是能力相仿，但由于人和人做事的态度相差十万八千里，结果也就完全不一样。

此外，**人和人还有着完全不同的做事动机。**马斯洛和其他的心理学家试图给我们一个关于人的动机的图像，但当我们面对一个活生生的个体时，却无法断定他到底是出于什么目的做某一件事情，甚至有时连他自己都说不清。

在我的培训课上，我问学员下面一个问题：“你为什么为你的企业工作？”回答可以分为三类：第一类人通常是诚实的人，回答说是为了挣钱，养家糊口；第二类人说是为了自我实现，为了自己生命的意义；第三类人通常极少，会说是为了和自己的企业一同实现某一个理想。

我们发现了什么？

我们发现，**极少有个人的目标（动机）是和企业的目标完全重合的，这就是人难管的最根本的原因。**所以，我们必须在两者之间搭建许多的桥（例如激励机制、命令等），同时我们还必须不停地监督，以避免“心怀鬼胎”的个人影响企业的任务。

以上是关于人的坏消息。

好消息是，**如果我们管理得当，人的潜力就是无限大的。**我们每个人都听到过（也许经历过）一些普通人做出惊天动地的事情的故事（之后这些人就不再普通，因为他们从此被称为英雄）。机器的最高功率无法被逾越，人的极限却可以一再被打破。

能帮助我们打破人的极限的，是我们好的管理，是我们的用人和管人之道。

宋博士推荐微博：

◎一个企业的离职率高，几乎可以肯定是老板不了解员工造成的。老板往往以为自己很了解员工，其实不然。

❷ 管理就是管人吗

管理一个团队要比管理一个人复杂得多。管理者的管理，在很大程度上是对自己的管理。如果要我给管理下一个定义，我想，管理不外乎是管理自己、管理他人以及管理一个机构（人组成的群体）的能力。这个能力的高低，体现在我们自己的效率及整个组织的效率中。

从管理的对象来说，管理就是管人。管理是什么？

这是一个不能更简单的问题，但同其他很多看似简单的问题一样，它的答案却是复杂且难以令人满意的。

大众汽车负责亚洲地区管理者培训的瓦格纳博士，曾和我讨论大众在培育管理者方面的体系和计划，大众的体系对我们认识什么是管理应该大有益处。在大众汽车的培训体系里，一个管理者必须逐步掌握和提升自己在三个方面的管理能力：

一、管理企业（或部门）的能力

这意味着管理者必须学会企业管理的各个方面。例如：

- 如何为企业或自己的部门制订合理的战略。
- 如何根据企业（部门）的战略设计企业（部门）的组织架构。
- 如何合理定义工作流程。
- 如何利用预算、目标管理等工具控制企业或部门，以完成任务。

二、管理他人的能力

管理他人的能力可分为管理多人（团队）的能力和管理一个人的能力。实际上，管好一个人比较容易，管好多个人却是一件十分困难的事。我相信每位朋友都有这样的经历：当我们企业规模很小的时候，什么都好管；但当企业（或部门）逐渐扩大的时候，原来的管理手段似乎都失灵了。

这背后的原因是：**管理一个团队要比管理一个人复杂得多。**

我们可以用个人魅力以及直接的控制管好一个或几个

人，但在面对许多人时，这种方式就远远不够了。我们会发现，对多人的管理需要管理者在个人的手法之外加上许多制度性的东西，例如制定一套完善的激励机制，以避免领导个人决策所导致的团队内部强烈的不公平感；使用一些新的管理手段，如预算制度。

三、管理自己的能力

孔夫子所说的“修身、齐家、治国、平天下”，意思是：要想天下太平，首先要治理好自己的国家；要想治理好自己的国家，首先要管理好自己的家族（家庭）；要想管好自己的家族（家庭），首先自己必须修身养性。

管理者的管理，在很大程度上是对自己的管理。我们可以问自己以下几个问题：

- 我是否有足够强大的动力、动机来对付身边的一大堆麻烦事？
- 我是否能自己控制自己的时间，而不是天天被别人或各类杂务搞得焦头烂额？
- 我是否能区分事情的轻重缓急，花足够多的时间做重要的事情？
- 我是否能在需要某个文件的时候就立刻找到它，而不是花半天的时间去找一个东西？

如果要我给管理下一个定义，我想，管理不外乎是管理自己、管理他人以及管理一个机构（人组成的群体）的能力。这个能力的高低，体现在我们自己的效率及整个组织的效率中。

宋博士推荐微博：

◎人才工作的核心是“以用为本”。从个体来看，人才是越用越活；从整体来说，人才是越用越多。

◎办公司就是办人。人才是利润最高的商品，能够经营好人才的企业才是最终的赢家。

——柳传志

❸
谁需要我们管理

除了我们自己、我们的上司、我们的同事，我们需要管理的其他人还包括我们的合作伙伴、我们的客户（有专门的软件和系统帮助我们)，也包括我们的家人。我知道，这已经远远超出了我们企业管理的内容，但我觉得我们还是要正视对这些边界关系的管理。

这同样是一个不能更简单的问题，似乎简单得不值一提。但我相信，大部分人心中的答案是错误的，至少是不全面的。

大部分人心中的答案是：需要被管理的当然是我们的下属。

管理下属是我们作为管理者的一项最基本的职责，这是一个不争的事实。我们通常都能管好自己的下属。因为，对于下属，我们通常拥有足够的权威（权力+威信），让他按照我们的意愿行事。即使我们没有威信，我们也可以凭借自己作为上司的地位，命令他做某一件事（当然这样做不好，这是另外一回事）。

管理的难点在于管理下属之外的其他人。

在这其他人之中，首要的就是我们自己。

我相信我们大部分人（包括我自己），在自我管理方面都做得不到位。管理中出现的许多问题，实际上就是因为：我们作为领导者及管理者，没有管好自己。

我的一位企业界的朋友，觉得自己干了十来年，很累。他在企业转型的时候，希望能把担子交给下面的一个管理者，结果发现自己根本交不出去：整个团队是以他为中心的，下面还没有一个人能取而代之。

你可能以为我说的是一个五六十岁的人，但我说的这位朋友还不到四十岁！这里出现的问题，是自我管理的问题：我是否有足够的动力，把一件事情坚持做下去？

后来，我很欣慰地发现，经过一段时间的自我调整，他又能够全力以赴做自己的事情了。

我认识一位规模很大的企业的老总，他总是向我抱怨自己的副总以及部门经理不能干，说他们开会的时候从来没有建设性的意见。

经历过几次由他主持的会议之后，我发现，问题并没有出在别人身上，而是出在他自己身上：每次会议几乎都是他一个人在说，他总有一些他认为很好的想法；每当别人想提出一个自己的看法时，得到的却总是他的冷嘲热讽。久而久之，每个人都只好养成一种附和他的习惯，他所听到的也全是证明他说的是正确的话。如此，他自己也就更觉得自己很伟大，同时还加深了其他人无用的成见。

我们要学会管理的第二类人，是我们的上司。

在深圳的一次培训课上，一个学员听到我讲这一点之后深有同感，却不知如何管理自己的上司。确实，上司是仅次于自己，最难管理的一个人。他掌握着生杀大权，我怎么能、怎么敢管理他呢？

这位深圳学员提出的问题很简单：我的上司今天给我一个任务，让我往东走；明天又给我一个任务，让我往西走，我该怎么办呢？

我给这位朋友的建议是：

1. 推荐你的上司去参加一个好的培训，让他明白管理自己的重要性（管不好自己，也会让别人无所适从）。

2. 要知道我们作为下属，有两个义务。一个是完成的义务，即完成上司交给我们的任务；第二是在这之前从上司那里清晰地得到指令的义务。如果你的上司不能清楚地表达他给你的任务，你必须逼迫他清楚地表达出来。如果他给你的指令是相互矛盾的，你有义务给他指出来，以便自己知道该做什么，该怎么做。

3. 如果你的上司不认同这一点，如果你总是无法“管理”你的上司，离开他是正确的选择。

我们要学会管理的第三类人，应该是我们的同事。

“管理”同事的难点在于，同事既不是你的下属，不需要买你的账，也不是你的上司。上司往往出于自己业绩、利益的考虑，需要和你搞好关系；而管理同事，你几乎没有任何筹码。

但我们都知道，能不能和同事处好关系，“管理”好平级的同事，是我们能不能做好自己业务的一个关键因素。企业越大，部门越多，这一类的“管理”就越重要。我想我们都有要办成一件事，要经过不同部门主管签字的经历，其中有许多事情，因为同事间的不和而被拖延。

我们当然可以把一切的矛盾都推到上面去，找总经理或老板来解决、来协调、来平衡。但这恰恰是最不得已的一个招数，就像你因为不能容忍你的上司、又不能改变他，而炒上司的鱿鱼一样。

管理好同事，实际上我们要做的并不难，也并不多：

我们要了解“管理”同事是我们分内的事情；我们要

知道平等关系的基础是付出与给予，我们必须在平时注重和相关同事间的关系，并为维护这种关系做到付出（而不仅是在办事时去索取）；我们要善于从整体的利益来说服（或沟通）其他同事，以便在我们需要做的事情上得到他们的帮助。

除了我们自己、我们的上司、我们的同事，我们需要管理的其他人还包括我们的合作伙伴、我们的客户（有专门的软件和系统帮助我们），也包括我们的家人。我知道，这已经远远超出了我们企业管理的内容，但我觉得我们还是要正视对这些边界关系的管理。我们老祖宗说“家和万事兴”，是十分有道理的。我就多次见到过（中国的、外国的）优秀的管理者因为没有管理好自己的家庭而让自己的事业出现危机，创业的老板因家庭不和而让自己的企业破裂。也许这些方面永远不会进入管理的教科书，却可能决定我们作为管理者的命运。

管理意味着和各个方面的人打交道并实现自己的目的。管理并不是管理者的专利，基本的管理能力是每个人在社会上生存的必要条件。

宋博士推荐微博：

◎如果你一直找不到合适的人，很可能是你一直改不掉错的自己。

4 用什么管人

管人、用人并不只有命令这一种办法，在命令之外，还需要给别人目标、方向、规范、激励和信心。我相信，在我们的管人手段里，目标、使命、价值观等，就是类似地图的工具，我们需要它，即使事后它被证实并不完全正确。在管人上，我们除了需要目标、使命的牵引，除了需要权力、权威的指导之外，最为重要的管理手段就是我们的管理制度了。

我们首先想到的是用命令去管人。

在一个企业里，我们通常有着清楚的界定。谁归谁管，换句话说，谁要听从谁的指挥，都是十分明确的。因此，

命令是我们管人的第一个手段。只要有权力，我们可以命令一个人去做一件事情。如果他不做，他就必须承担（严重的）后果。在军队这个特殊的团队里，这样的“管人”手段是最重要、最直接的手段。

但在许多缺乏效率的企业里，我们通常会发现，要么没有严格的上、下级关系的规定，要么即使有这样的规定，又因为以下两种原因而无法发挥应有的作用：

第一，当一个员工违背了“命令”时，企业并没有相应的惩罚措施；

第二，管理者因为有着“老好人”的心态，不愿意得罪人。

但更多的时候，我相信是第三种原因在起作用：管人的人虽然有权力，却没有权威，没有威信。因而，对于他发出的指令，其他人并不会尊重和重视，更别说执行。如果这个管理者是一个软弱的人，下属就可能会做出“欺上”的行为；如果这个管理者是一个强硬的人，下属则会用“瞒上”的办法对付他。因此，作为管理者，我们更重要的手段实际上是要建立我们的威信。而做到这一点，并没有速成的办法，需要我们用一辈子去修炼。

大部分的时候，我们作为管理者，并不能像一个军队中的班长一样，和自己的下属同吃、同住、同训练。我们没有办法时时盯着下属，即使我们有威信，我们也没有办法做到向他们随时随地发布合适的命令。**因此，更聪明的**

管人手段是，用目标去引导下属。管理者的权威主要体现在，让下属认可团队或企业的目标，并能够让他们对自己实现自己的子目标做出承诺。

企业终级的目标是企业的使命。能够为自己所做的事情、为企业找到一个生存的意义，即找到企业的使命，也是一个非凡的管人手段。如果我们作为管理者能够让员工认可我们的使命，就等于为我们所要管理的人设置了一颗北极星；如果我们像相信北极星一样相信我们的使命，我们就永远找到了方向，即使有时会迷路，我们也还是能够依靠它的指引，回到正确的道路上。

有这样一个故事：

一群登山者迷失了方向，找不到回家的路。正当每个人都垂头丧气，对即将到来的死亡感到恐惧的时候，其中一个人从自己的背包里找出了一张地图。

大家马上开始讨论自己可能身处何方，以及路在哪里。最后，大家认定了一个方向，并朝着那个方向走了下去。过了很久很久，他们发现了一处灯光。向着灯光，他们找到了一户农家，那时他们知道自己得救了。

在他们拼命地吃、喝，以庆贺自己再生的时候，农民好奇地问他们是如何找到生路的。他们回答说找到了地图，并把地图拿给农民看。

农民一看，顿时哈哈大笑起来。

所有的人都不明白那张地图有什么可笑的。

农民解释说：让你们得救的地图不是这里的地图！

这个故事的寓意是：即使是一张错误的地图，也比没有地图好。至少它可以鼓励我们继续尝试，鼓励我们不要轻易放弃。

我相信，在我们的管人手段里，目标、使命、价值观等，就是类似地图的工具。我们需要它，即使事后它被证实并不完全正确。

当我们开车路过一个十字路口的时候，是一些什么样的力量在指挥着我们呢？

- 首先，是我们自己的目标：我们知道要去什么地方，也因此知道要在什么地方拐弯。
- 其次，是交通警察：他可以命令我们停止前进。
- 但我们经常发现，警察的指挥（除了处理一些非常事件之外）并不是最有效的。与之相反，如果大家都自觉遵守规则，红绿灯才是最有效的解决冲突的办法。

在管人上，我们除了需要目标、使命的牵引，除了需要权力、权威的指导之外，最为重要的管理手段就是我们的管理制度了。它像红绿灯一样，能够让我们管理者不在场时，企业也同样秩序井然。

我们都需要一些什么样的管理制度呢？

- 我们需要行为规范：必须让员工知道我们提倡什么，不提倡什么，禁止什么；
- 我们需要激励机制：要告诉员工什么样的表现能得到什么样的报酬及提升，什么样的结果及行为会得到严厉的惩罚，甚至淘汰；
- 我们需要规定什么样的人是企业需要的人，并用一些合理的手段，将这样的人挑选出来；
- 我们需要规定如何做我们的业务，以什么样的方式做业务，达到什么样的目标。

管人、用人并不只有命令这一种办法，在命令之外，还需要给别人目标、方向、规范、激励和信心。

∷ 宋博士推荐微博：

◎在所有组织中，90%左右的问题是共同的，不同的只有10%。这10%需要适应这个组织特定的使命、特定的文化和特定的语言。

——彼得·德鲁克

◎作为一名CEO不在于你能生产制造多少产品，而是你能制造出多少CEO。也就是你要打造一个平台，让每一个人都能发挥自己的价值。

——张瑞敏

⑤ 如果只有一条，选人的标准是什么

如果我们只有一条选人的标准，我相信，这唯一的标准应该是责任心。有责任心的人工作认真，有责任心的人细致，有责任心的人擅长计划，有责任心的人有组织性，有责任心的人工作努力，有责任心的人坚韧不拔，有责任心的人有成就导向。让一个本来没有责任心的人变成一个有责任心的人，即便有这种可能，也是一件十分困难的事情。大部分情况下，对大部分管理者来说，选用有责任心的人并对之加以培养，是更经济、更有效的做法。

如果我们可以自己决定聘用一个人，我们选人的标准

应该是什么？

如果我们只允许有一条标准，这条标准应该是什么？

我相信，这唯一的标准应该是责任心。

我们易中公司曾经准备招聘一个产品经理。

很幸运，我们找到了一个看上去十分合格的人选：无论从学历、经验、对将要做的事情的理解和兴趣等方面，他都似乎完美无缺。我们准备好了合同，等他来签字。但在此之后发生的一件事，让我们取消了与他可能的合作。

在他答应来公司之后，我们正好有两个客户座谈会，以听取客户对我们产品的建议，我们诚邀他来参加。他答应了。第一次开会的时候，他没有来，但事先给我们打了一个电话说，原来的公司还有些事没有处理完，必须加班。我们觉得这个人真不错，如果他能这么对待原来的公司，也会这么对待我们的公司。但第二次的时候，他又没有来。而且这一次，连电话都没有打。我们很吃惊。打电话找到他，他说他以为我们会在这之前打电话给他。

也许我们冤枉了一个很有能力的人。但我还是觉得不和他合作是一个正确的决定。

责任心，是一个人对自己的所作所为负责。这是一个人的决定，它几乎无法学习，你也无法强迫。如果一个人没有责任心，他即使有再大的能耐也做不出好的业绩来。

美国管理学教授罗宾斯在《管人的真理》一书中写道：在选人的过程中，你如果有疑虑的话（你不知道选谁更好的话），就选那些有责任心的人。他提到一项心理学家的调查，其结果是，一个人是外向还是内向，一个人是严厉还是随和，一个人是开放还是保守以及一个人情绪是否稳定，都和一个人做出的业绩无关。唯一和业绩有关的个性特征是，一个人是否有责任心。

心理学家发现，让人做出成绩的种种特征最后都可以归结到责任心上面：

- **有责任心的人工作认真；**
- **有责任心的人细致；**
- **有责任心的人擅长计划；**
- **有责任心的人有组织性；**
- **有责任心的人工作努力；**
- **有责任心的人坚韧不拔；**
- **有责任心的人有成就导向。**

很多的时候，我们并不幸运，因为我们无法挑选我们的下属。这时我们的问题往往是，如果下属没有责任心，我们可以培养吗？

我相信，让一个本来没有责任心的人变成一个有责任心的人，即便有这种可能，也是一件十分困难的事情。**大部分情况下，对大部分管理者来说，选用有责任心的人并**

对之加以培养，是更经济、更有效的做法。让一个没有责任心的人变得有责任心，变得勇于承担责任，实际上和想把一个坏人变成好人一样困难（并非不可能，但我们做管理的人通常没有那么大的精力做这件事情）。

需要严加区分的是，**很多人并不是没有责任心，而是没有表现出他的责任心。**造成这种状况的根本原因是企业的制度（或游戏规则）有问题。如果我们没有有效的激励机制和监控机制（像许多国企吃大锅饭的做法），一个本来有责任心的人也不会做出负责任的事情来。

因此，我相信，许多企业（国营企业以及染上国企病的企业）人浮于事、员工不负责任的背后，首要的问题不是员工有无责任心，而是我们是否在奖励有责任心的人以及惩罚（最后的手段是解雇）没有责任心的人。

:: 宋博士推荐微博：

◎负面情绪远比正面情绪还要深植人心。辞退有负面思维的员工，招聘时只招有正面思维的员工。

◎某老板因为开会迟到被罚，他立即让人把罚款通告贴到宣传栏，让全员知道。企业要培养正视错误、承认错误的良好风气，老板要身先士卒。

6 如果只有两条选人的标准，第二条是什么

选人的第一条标准是责任心，第二条标准是“适合”。什么人适合你的企业，最终只有你自己知道。我们需要什么样的人？不是最好的人，但必须是适合我们这个特定企业的人。

如果选人的第一条标准是责任心，那么第二条标准是什么？

许多人会说：是能力。不错，能力是重要的。

有人会说：是态度。不错，态度也是十分重要的。

有人会说：是经验。不错，有的时候经验是很关键的。

有人会说：是资历。也不错，有时资历也很重要。

但如果我们只能选一条，它应该是什么呢？

我想，第二条选人的标准应该是“适合”。

我们通常找不到市场上最好的人（我们大部分企业多数时候也支付不起最好的人的用人成本），但更大的问题是最好的人未必适合我们。我们应该想办法找到适合我们企业的人，这些人通常不是我们一般意义上最好的人员（最好的学历、一流的经历、一流的业绩等等），而是适合我们企业特征的一类人。

这是一些什么样的人？我没有办法告诉你。
因为什么人适合你的企业，最终只有你自己知道。
但我想举几个例子，来说明什么是适合：

麦肯锡寻找的是这样一类人：他们来自世界上最好的学校，受过最好的教育，但同时又是一些对自己、对自己所做的事情持怀疑态度的人。麦肯锡知道，只有这样的人才会一遍又一遍地推翻自己的设想，想方设法找到一个接近完美的答案。这样的人是适合做咨询的。

我原来的东家罗兰贝格寻找的是具有企业家精神的顾问：这些人拥有足够好（并不是最好）的教育，善于从客户的角度以一个企业家的眼光看待问题。使罗兰贝格引以为豪的是：他们为客户找到的答案未必是最漂亮的，但一定是最实用的。

我的一个来自福建的企业家朋友做汽车租赁生意。他告诉我他找一些什么样的人加入他的司机队伍。他的标准是：有几年驾车经验的转业军人，因为他们受过严格和良好的驾驶训练；这些人必须是党员，因为党员更可靠、更值得信赖；这些人必须在一家合作的五星级酒店接受礼仪等方面的训练，以保证他们能让自己的客人有舒服的感觉。

我们需要什么样的人？

不是最好的人，但必须是适合我们这个特定企业的人。就像前面例子中所示，每个成功的企业对“适合”都有自己的定义，也会由此导出自己选人的模式。

∷ 宋博士推荐微博：

◎很多企业经常犯这样的错误：对于一个优秀的研发人员，最大的奖励就是把他提升成“官”。结果既废了他的“武功”，又害了这个研发体系。

◎不要花太大的精力试图改变不符合公司文化和要求的人，直接解雇他们，然后重新寻找。

——杰克·韦尔奇

7 用人之道是用人之长

优秀的经理关注人的优点并想尽一切办法把一个人的优点发挥出来。他知道让合适的人干合适的事情是一个经理的最重要的工作，也知道改造一个人、改变一个人的性格不是管理者的任务。经理人的一项修炼，就是让自己越来越准确地看清自己和别人的优缺点。

有一个管理顾问，在第一个经理管他的时候很能干，为公司拉到了许多单子，也因此很受同事的尊重。后来，经理换了。

第二个经理认为这个人不是一个合格的顾问，因为他从来没有做出过一个像样的顾问报告来，他不会做分析，不会把分析的结果清晰地表现出来。所以，第二个经理不再让这个人去做销售工作，而是逼迫这个人把一个项目报告做出来，以便锻炼他。

最后，这个擅长销售的顾问做的报告没有人认为有多大价值，客户绝对不满意，他自己也不满意，当然经理更是不满意。这个人觉得自己在公司里变得不受人尊重了，因此情绪越来越低落。

最后，他悄悄地离开了这家公司。

第一个经理的优点是他关注并且利用一个人的优点。

第二个经理的错误是他只关注一个人的缺点，而不想方设法让其把自己的优点发挥出来。

第一个经理并没有做什么，却有好的结果；第二个经理做了许多事情（就差自己把那份报告做出来）却没有得到任何好结果。

两者之间唯一的差异就是用人的角度。

优秀的经理关注人的优点并想尽一切办法把一个人的优点发挥出来。他知道让合适的人干合适的事情是一个经理的最重要的工作，也知道改造一个人、改变一个人的性格不是管理者的任务。

改变一个人，既是一个几乎无法完成的任务，又是一个吃力不讨好的事情。让我们通过一则伊索寓言来体会这句话的含义：

一头驴子，总觉得自己的主人偏心。

它干的活最多，吃的却最差，最要命的是，主人总是不理他。而主人身边的哈巴狗，什么事情也不干，却得到主人所有的宠爱。

因此，驴子决定改变自己。当主人从外面回家时，它学着狗的样子，摇头摆尾对主人欢叫。主人皱了一下眉，弄不懂驴子吃错了什么药。当主人坐到沙发上的时候，驴子抢先一步，像哈巴狗一样跳进主人的怀抱……

主人大怒，令仆人把这头愚蠢的驴子杀掉了。

很多的时候，我们的困惑是我们分不清到底什么是一个人的优点，什么是一个人的缺点。我们同样可以从伊索寓言里得到一些启示：

一只鹿到河边喝水，看到了自己美丽的身躯不禁赞美起来：我有多么漂亮、肥硕的身材！过了一会儿，它在水中的倒影里看到了自己细小的腿，不禁自卑起来：“我的腿怎么这么瘦，这么细小?!”正在这时，一头狮子从后面向它扑来。鹿发现了敌人，用刚刚被它骂过的瘦腿狂奔起来。不一会儿工夫，就把狮子甩掉了。

正在鹿洋洋得意的时候，它肥大的身子被树林里的两棵树夹住了。刚才的那头狮子不慌不忙地走了过来，把鹿吃掉了。

经理人的一项修炼，就是让自己越来越准确地看清自己和别人的优缺点。只有认清人的优缺点，才能把合适的人放在合适的位置上，才能把一个人的潜力发挥得淋漓尽致。

用人之道，在于用人之长。

:: 宋博士推荐微博：

◎肯定自己的优点是自信，了解自己的缺点是成长，善解他人的立场是尊重。生命的意义在于不断的学习与奉献之中，成就了他人，也成长了自己。

◎当发现人不对的时候，不要再做任何事情，把找到对的人当做是唯一的事情来做。

【第2篇】用人的难题与误区

知识太多，智慧太少。成长的过程，是智慧结晶的过程。
只有智慧才能解决我们这个时代最难解决的问题：复杂性。

❽

人才是从外面招，还是自己培养

实际上，我们自己培养人才来做事，也就需要两三年的时间。“空降兵”比自己培养人才来得快，是我们的一个错觉。除了少部分专业人士之外，企业的大部分人才必须由我们自己去培养。

管理的问题集中在人身上，而根据 20/80 法则，问题的关键在于那些被称为“人才”的人，或者说“关键的人才”。

谁是关键的人才？

关键的人才是那些假如离开你的公司，就会对你的公司产生很大负面影响的人。

我们得到这些人才的途径通常只有两个：一是内部培

养，一是从外面招聘。而从外面招聘的手段又有许多，例如参加人才招聘会、登广告、内外部人的推荐以及现在越来越时髦的猎头，等等。

许多人认为招聘“空降兵”是解决企业急需、紧缺人才的唯一途径，至少是最好的途径。但我却认为，除了一些企业自己无法培养的专业人士（例如会计师、高级技术人员、人力资源专家等）之外，在其他职位上招聘“空降兵”并不能短期内解决企业的问题。

我的理由不仅仅是我们有目共睹的社会上大量的“空降兵”失败的案例，以及由此引发的中国是否真有“职业经理人”的讨论（我觉得这个讨论偏离了真正的主题）。

我的“理论”是，我所谓的人才的“三年定律”：

你把一个能干的人从一个公司挖到自己的公司来，第一年的时候他能做到的基本上是熟悉你这个企业，和你的企业、管理者、员工磨合与撞击。但许多人在这个阶段就退缩、放弃了，因为人才通常是一些很敏感的人。

如果他坚持到第二年，至少还需要在一年的时间里慢慢地形成他自己的管理思路、解决你企业问题的思路，这些思路通常也不会马上被接受，即使是马上被接受也不会马上见效，况且他还必须在做的过程中修正自己的思路。因此，一个从外面挖来的人，真正能发挥作用，通常要两年的准备期，到第三年才能真正看到他初始的作用。遗憾的是，我们大部分企业家等不了这么久。

实际上，我们自己培养人才来做事，也就需要两三年的时间。

“空降兵”比自己培养人才来得快，是我们的一个错觉。

除了少部分专业人士之外，企业的大部分人才必须由我们自己去培养。实际上，培育人才是我们每一位用人的人不可推卸的责任，也是我们作为管理者的基本任务。“空降兵”是可有可无的，自己培育人才的机制却是不可缺少的。这也是许多大一些的企业设立两院（研究院 + 管理学院）的原因所在。就像产品和技术的研发一样，管理及管理人才的培育重要到你不能让外部的力量去控制它，你必须自己做。

如果我们在市场上找不到合适的人才，自己又无法短期内培养，该怎么办？

我想柳传志的“三不原则”能帮助我们解决这个问题。当柳传志被记者问到什么样的投资他不做的时候，他的回答是：

- 做不好的事情不做；
- 没有足够投资资金的事情不做；
- 没有合适的人去管理的事情不做。

:: 宋博士推荐微博：

◎让新员工从基层岗位做起。一个真正追求事业空间和工作平台的人，不管学历和年龄如何，为谋得更好的发展，他是可以牺牲暂时的个人收入的。

◎大才一般有大欲，很难满足，长留不易；且大才也有脾性，很难管理。而一般的人才唾手可得，但要有慧眼识人、有耐心养人、有方法育人。

9
如何做才能留住人才

留住人才的关键，在于我们的心态。当我们抱怨人才不忠的时候，我们有没有想过，我们是否给了他足够的报酬和关怀，是否让他有足够的理由留下来？如果我们解决了这个心态问题，手段、方法就是极易找到的。此外，我们还必须系统地打造一个留人的机制。

这又是一个所有管理者都在寻找答案的问题。如果你希望我能够告诉你一个一招制胜的办法，你肯定会失望的。

留住人才的关键，通常不在于我们使用什么样的手段，而在于我们的心态。

讲一个犹太人的故事：

一个犹太商人的儿子在老子的店里工作。他发现有一个工人在偷东西。他便问自己的父亲，如何惩罚这个偷东西的员工。

父亲告诉他："给他涨工资。"

儿子吃惊地问父亲："他偷我们的东西，为什么还要给他涨工资?"

父亲的回答是："他偷东西，是因为他挣得不够。"

我自然不会用这个故事鼓励人偷东西。我想说的是，**当我们抱怨人才不忠的时候，我们有没有想过，我们是否给了他足够的报酬和关怀，是否让他有足够的理由留下来？如果我们解决了这个心态问题，手段、方法就是极易找到的。**

留住关键员工，没有捷径可走：**我们必须系统地打造一个留人的机制**，这个机制的重点是以下几个方面：

首先是事业留人。

我们的企业是不是一个有理想、有使命、有抱负的企业？我们是不是能给这些被称得上人才的人一个足够大的舞台（如果现在不够大，将来可以足够大）？如果是的，我相信你有足够的机会留住一个人才，哪怕是你给他的报酬并不是最好的。

其次，留住人才的一个并不需要你花费什么的做法是，让

他们知道在你的心目中他们是关键人才，你真心希望留住他们。

很多时候，一些关键人才走掉，仅仅是因为他不知道他在你心目中的地位。许多管理者不知道对一个人的工作表示认可。告诉他他做的事情你很满意，是一个便宜却十分有效的留人的手段。

信任一个人也是留人的关键。如何表现你对关键人才的信任？让他参与到重大的管理与决策中来！一个企业要保守很多的秘密，但对关键的人才，你通常有必要让他知道你的秘密。虽然你多了一些风险，但你赢得的可能是一颗感恩的心。

建立合理、公平的激励机制，当然是留人的关键一环。给什么样的人涨工资、多发奖金、提升职位，是企业导向的重要体现，也是你告诉一个人你是否认为他是关键人才的最直接的办法。

给关键的人才提供适合他发展的培训机会，是留人的另外一个方面。事实上，许多人（当然不是所有的人，有些人确实只相信“现金”）并不在意一时拿钱的多少，但很在意他是否能在一个公司学到真正的本领。

帮助员工进行他的个人职业生涯的设计，帮助他找到

最适合他的事情和位置，同样是留人的手段。

为员工提供创业或参股的机会，也可能是留住关键人才的重要因素。对许多民营企业来说，这种手段可能是他们战胜外企（外企通常能提供丰厚的薪水、良好的福利以及培训）的唯一手段。

留住人才的关键，还在于我们自己要清楚我们的领导能力是几级。通常，我们没有能力驾驭比我们领导能力高的人物；一个领导能力大于我们的人，是不愿意长期接受一个比他水平差的人领导的。

知道了这一点，我们又有什么样的办法呢？我们唯一的办法是，像李嘉诚那样不停地学习，不断地修炼和提高我们自己的领导能力。

:: 宋博士推荐微博：

◎如何赢得员工的心？尽管工资福利是最高项，但同样不可忽略的是企业发展潜力以及企业提供的培训机会和晋升空间！

◎要调动员工的工作激情，企业要从体制上为员工设计"小步快跑"的职业生涯。即员工成长阶梯的层次多一点，幅度小一点。

⑩
新员工如何快速融入

如何解决新老员工融合的问题？我认为不论是企业的管理者，还是新员工、老员工，大家都要行动起来，这个问题才能得到解决。我给管理者的忠告是，要帮助新老员工“和陌生人说话”；给新员工我的忠告是，“要和陌生人说话”；给老员工我的忠告同样是，“要和陌生人说话”。任何企业和任何个人的发展其实都遵循同样的自然规律：不进则退。因此，千万不要想“保护”什么。最好的自我“保护”其实是不断进取。

前几年有一部热播的电视剧叫“不要和陌生人说话”。这是一部情节离奇的心理剧，剧中男主角，外科手术专家

安嘉和，规定自己的妻子梅湘南不许和陌生人说话。在他看来，妻子不和陌生人说话，就不会发生什么事。

成长型企业每年都会招入大量新员工。对老员工来说，这些新员工是“陌生人”。尽管没有任何人规定不要和新员工说话，但很多老员工的行为准则却非常像这部电视剧里的“不要和陌生人说话”。

吃饭的时候，老员工在一起吃，不叫上新员工一起吃；开会的时候，老员工坐在一起，不和新员工一起讨论；工作的时候，有事情找自己熟悉的老同事，尽管老同事并不负责这件事也并不能提供多少帮助。

久而久之，企业里就出现了根据入职时间而形成的人际圈子和两类人：一类是同质的老员工，一类是和他们很不一样的新员工。老员工之间的关系越来越好，新员工的融入却越来越难。我的客户中就有很多这样的例子。老员工之间很抱团，但他们几乎不和新员工交流，新员工以及他们可能引入的新思路也因此无法在企业里扎根。新员工来了一批批，又走了一批批。几年下来，尽管外部环境起了非常大的变化，企业的人和做法却基本没有改变。尽管外部环境给了企业非常大的发展机会，企业却因为自己的一成不变而错失良机。这背后根本的原因，是新员工无法融入公司，为公司带来新的活力。

老员工相互间的关系越来越好不是坏事，但如果变成

了老员工一起“欺负”新来的同事，一起“抵制”新同事带来的新做法，却是一件非常成问题的事情。因此，新老员工融合的问题是每一个想发展壮大的公司必须解决的问题。

为什么老员工不愿意“和陌生人说话”，不愿意帮助新员工融入公司？

从心理学的角度看，这是人之常情。每个人都不喜欢离开自己的舒适区，不愿意花费力气去认识一个新人。和老同事一起吃饭、一起开会、一起工作很省力，因为大家过去磨合了很久，已经形成了默契，但和新同事无论公事或是私事，都需要重新花时间磨合。新同事必须做这件事，因为自己是新人；老同事已经有自己的圈子，因而不必做这件事。如此，自然而然地公司就会给新同事造成老同事不愿意和他们说话，自己无法融入的印象。如果新同事再缺少些主动性，新老同事的融合就几乎是不可能的事情了。

老员工这么做，通常还有另外一个原因，那就是自我保护意识，害怕新同事做得比自己好，害怕新同事带来变化，害怕新同事抢走自己的饭碗。很多人直到今天还信奉一个早已过时的道理，那就是“带会徒弟，饿死师傅”。很多老员工下意识的做法就是，不让新人在公司生存下来，至少不帮助他们在新公司生存下来。

如何解决新老员工融合的问题？**我认为不论是企业的管理者，还是新员工、老员工，大家都要行动起来，这个**

问题才能得到解决。

我给管理者的忠告是，要帮助新老员工“和陌生人说话”，要创造机会让新老员工认识和信任，要设计合理的激励制度让老员工消除帮助新人对自己有害的顾虑。

给新员工我的忠告是，“要和陌生人说话”，要主动结识老员工，要主动寻求帮助，主动融入新集体。

给老员工我的忠告同样是，“要和陌生人说话”，因为帮助新同事最终是帮助自己，不帮助新同事最终受害的也还是自己。只有不断有新同事融入，公司才能发展壮大，而公司的发展也能为个人带来机会，无论是挣钱、升职，还是其他。一个没有新人不断加入的公司不会有发展，而没有发展的公司肯定是危险的公司。即使个人在这样的公司现在受再大的重视，要是公司这艘船沉了，个人也将失去一切。任何企业和任何个人的发展其实都遵循同样的自然规律：不进则退。因此，千万不要想“保护”什么。最好的自我“保护”其实是不断进取。

宋博士推荐微博：

◎（转发）日本商界“四圣”之一的稻盛和夫，其经营理念与西方理念之差别：与制度相比，他更重视人心；与物质刺激相比，他更重视精神奖励；与股东利益相比，他更重视员工利益；与才能相比，他更重视人的品格。他的实践证明：利他行为具有强大的力量，这条利他之路在竞争残酷而激烈的商业社会也行得通！信不信由你。

◎从旁人的角度，善意的谎言和夸奖真的可以造就一个人；从自我的角度，你认为自己是什么样的人，你就能成为什么样的人。

——乔治·埃尔顿·梅奥

⑪ 员工为何不忠诚

只关注自己利益的人是自私的，但只关注公司和自己利益的人还是自私的。只有同时关注员工利益、公司利益和自己利益的人才是真正负责任的，也只有这样的人才是聪明的。因为关心员工的结果其实是关心自己。

一个老总向我抱怨说，他公司的员工太不忠诚了，一年里总共走掉30% ~40%，公司因此很难长大，就像在沙滩上盖房子，盖起来没过多久就塌了，又得从头再来。我建议他做一个员工满意度和员工离职原因调查。

结果出来了：超过50%的员工对公司整体不满；近80%的离职员工说他们离开是因为在这个公司看不到成长和晋升

的希望，超过 70% 的说他们的收入和市场比太低了，超过 60% 的离开是觉得自己部门工作氛围不好，顶头上司不值得跟随。

这个案例中凸显的问题自然是整个公司的问题。但问题的另一个根源却来自公司的各级管理者：

- 如果各级管理者关心员工，就会创造出比较好的工作氛围，这样即使员工收入普遍不高，他们通常也不会马上选择放弃；
- 如果各级管理者关心员工，员工收入大大低于市场的问题就不会一再被回避，即使公司整体上没有实力普遍支付更高的工资，也可以通过设计合理的绩效管理的办法让能干的人得到更多的收入而留下，而有实力的公司只要正视这个问题就很容易解决；
- 如果管理者关心员工，就会主动培养自己的员工并从公司争取资源帮助他们成长。

这个案例中的管理者没有这么做。他们中大部分人关心的只是自己的晋升，自己的晋升在他们看来掌握在公司的领导手中，员工的利益和员工的角度被系统地忽略了。

但这样“只向上看不向下看”的后果其实对管理者自己很不利：

对员工关心少导致员工的问题得不到解决。

员工出于无奈选择离职，管理者不得不重新招聘新人，重新为新人做培训，同时不得不承受新人不到位给自己带来的巨大压力。

更为可怕的是：因为担心新人像离开的人一样在公司待不久，管理者的策略是更少地投入为新人做事，以致让这个本来就已经很糟糕的恶性循环更加严重。最终的受害者当然还是用人者自己。

管理者，尤其是管理新手很容易走两个极端：要么做老好人，只为自己舒服而处处迁就员工；要么只关心领导关心的事情，不关心员工的利益。其实两个极端最终都对我们自己不利。从上面的分析中我们可以看到，关心员工其实最终是在关心自己，不关心员工最终受害的是我们自己。

管理者都应该关注三个维度的事情：

- 公司的期望是什么?
- 员工的期望是什么?
- 自己的期望是什么?

只有三个维度都关注到了，只有在这三个维度上找到平衡，才能把事情做好。只有公司和员工的关切都照顾到了，才会有第三个关切得到照顾，也就是我们自己的关切。**只关注自己利益的人是自私的，但只关注公司和自己利益**

的人还是自私的。只有同时关注员工利益、公司利益和自己利益的人才是真正负责任的，也只有这样的人才是聪明的。因为关心员工的结果其实是关心自己。

:: 宋博士推荐微博：

◎最好的公司既有效率又有情感，次好的公司只有效率没有情感，不好的公司有情感没有效率，最差的公司既无效率也无情感。

⑫ 处理老员工问题的“四项基本原则”

如何让企业的发展不受影响，但同时又不违背我们做人做事的道德底线？原则一：业务人员以内部提升为主，专业人员以外部招聘为主；原则二：用老员工的忠诚和经验，用新员工的激情和创新；原则三：帮助老员工持续成长；原则四：不姑息不能跟随企业成长的老员工。

来《老板顾问》做电话咨询的很多高层管理者，都会问一个类似的问题，那就是当企业发展了，老员工跟不上了，我们该怎么办？

把人辞退吧，太不近人情；把人留下吧，这些人似乎对企业未来发展已经没有多大的用处，而且他们往往失去了原来做事情的热情，不少人还倚老卖老，只想吃老本。

以我的经验，凡是活过七年的企业都肯定有这样的问题，而且企业越老这个问题会越大。如果不及时系统地加以解决，企业的发展就会受到牵制。

如何解决这样一个两难问题？如何让企业的发展不受影响，但同时又不违背我们做人做事的道德底线？

我的建议是按照下面的“四项基本原则”来处理。

原则一：业务人员以内部提升为主，专业人员以外部招聘为主。

这一条看似和老员工问题没有多大关系，但其实关系很大。

很多成长型企业的问题是，企业发展了，应该在很多专业（例如人事、管理会计、研发）领域补强自己，但还是习惯性地只在业务领域发力；如果业务上受阻了，就认为是老员工有问题，总觉得只要招到厉害的新人，发展问题就能解决。

企业在成长中遇到了新瓶颈，需要吸纳专业人员加以解决。但老员工的工作惯性让新来的专业人员很难融入，新老矛盾让老板以为解决问题唯一的办法就是放弃老员工。

解决这个问题不是要放弃老员工，而是想办法让新老员工融合。靠招聘外部的业务高手解决自己解决不了的问题是不现实的，这已经一而再，再而三地被企业的实践证明过。

企业需要更专业的新人，但企业也需要过去是业务支柱的老人，我们要面对和解决的新问题就是如何让新老融合，而不是用新人替代老人。如果我们清楚这一点，对所谓的“老员工问题”就会从另外一个角度看。

原则二：用老员工的忠诚和经验，用新员工的激情和创新。

我们往往希望每个人都保持工作热情甚至是激情，但这是一个违背人性的期望。随着年龄的增长，人的激情肯定会退化，但经验和忠诚会增长。我们应该顺应这个自然规律，想办法用老员工的忠诚和经验为公司的成长服务，而不是要求他像原来一样投入，让他做年轻人能做得更好的事情。

德高者权重，越在上面，信任和道德就越重要，能力就越不重要。我们要做的是帮助有德的老员工学会管理，学会领导，学会驾驭新员工的激情和创新。

原则三：帮助老员工持续成长。

老员工今天的问题，通常是我们没有及时加以培养造成的，不是老员工根本不行。我们应该在公司内营造学习成长的氛围，尽早为每一个老员工设计成长的路径。可行的办法是：给每位老员工安排适合他的系统的培训，让其尽量通过不断学习来适应公司未来发展的需要。

给老员工调整岗位，让其从事新工作，通常也能激活新的热情。对中高层的老员工尽量多派出学习，甚至是派去国外学习，让他像老板一样多见世面。

如果我们有这样的措施，大部分老员工的问题都是可以解决的。系统地帮助老员工持续成长，也会让新员工安心工作，因为他将来也肯定会变成老员工。

原则四：不姑息不能跟随企业成长的老员工。

最终，总有一些人因为各种各样的原因无法跟随企业发展而发展。

通常这些人没有成长的愿望，不愿意参加培训，不愿意调整岗位，不愿意与时俱进。

通常这样的人倚老卖老，认为自己是公司的功臣，觉得公司没有自己就无法生存。

通常这些人对任何新事情都抱消极态度，并且鼓动自己周围的人对抗公司必须推行的革新。

对这样的人我们一定不能姑息，要坚决地把他们请出公司，但要尽量大度地处理，让他们得到和过去对公司贡献相对应的合情合理的补偿。

对这样的人，老板不应该有心魔，不应该害怕这样做会给企业带来多大的影响，因为企业有一定年龄和规模之后，没有一个人会重要得不可替代。

:: 宋博士推荐微博：

◎任何一个民族，任何一个组织只要没有新陈代谢，生命就会停止。如果我们顾全每位功臣的历史，那么就会葬送公司的前途。

——任正非

◎企业不同阶段，创始人会扮演不同角色，公司越成熟，创始人色彩就会越淡化。有一天公司彻底不需要我的存在，我不会失落，只会欣慰。

——江南春

⑬
警惕用人时的错误期望

当我们遇到无法解决的问题时，最好的办法是问问自己，是不是我们对人和对事有错误的期望？如果期望是错误的，我们就会越发心切，但解决问题的可能性反而越小。而当我们调整了期望，就会心平气和地寻找真正适合我们自己、适合企业以及适合员工的办法，也就可能让问题得到解决。管理者成长的过程，就是不断根据新经历和再思考，改变自己期望的过程。

一位总经理是制造行业的，他管理的公司有十几年的历史，年营业额一个多亿，500多名员工。在北京《赢在战略》的课上，易中管理学院的同事请大家在上课的时候把手机关掉。这位老总说：我来之前就把手机关掉了，因为我只要开手机，就不断有电话打进来；而打进来的电话几乎全是客户的投诉电话。我又没有办法解决，只好不开手机了。

我问他问题出在哪里，他说问题出在公司的流程没有理顺上。客户打电话给他，他找销售解决，销售说问题出在工厂；他找工厂，工厂说问题出在采购；他找采购，采购说销售没有提前做好计划。

最后他找了一家咨询公司，咨询公司的专家告诉他，他的问题是流程问题，只要把流程理顺了，事情就解决了。他按照专家的说法强制做了，结果不仅问题没有解决，原来跟了他很多年的几个骨干，因为受不了流程的“折磨”离他而去。

另一位老总是做服务的，公司有七八年的历史，年营业额有3000多万，400多个员工。听了我在《老板学》课上讲人力资源经理的重要性，就高薪从一个大公司挖了一个专业的人力资源经理，希望这个人能解决让他头痛了很多年的问题：居高不下的员工离职率问题，员工招聘难的问题，员工晋升通道的问题，员工得不到及时培训的问题。三四个月过去了，他发现这些问题没有得到改善，反而因为他没有亲自关注更加严重了。因此他不断给新来的人力资源经理施加压力。几个月后新经理就辞职了，一切又回到从前。

和第一个老总讨论后我发现，他的问题其实是自己造成的：他认为要想增加收入，只有增加产品数量；要想改善产品质量，只有自己把所有生产环节拿到公司内部来；要想利用不同地区的政策优势，只能在不同的地区开设工厂。因此，他的企业在五年内产品数量增加了三倍，人员增加了八倍，工厂从一个地方变成了两个地方，车间数量也增加了很多。他的做法让企业复杂了很多，但他和工厂的管理者管理复杂性的能力，却没有提升。我给他的建议是：削减产品，关掉一个工厂和可以外包的加工车间，而不是期望流程的改变能带来什么奇迹。

第二个老总的问题其实也是自己造成的：他以为一个专业的人应该能够很快了解自己的公司，很快拿出方案，很快解决让自己头痛的问题。当他发现人事经理给他的方案，虽然头头是道但和他的公司关系不大的时候，他开始对这个人失望了。他越来越不屑一顾的口气和表情让对方压力更大，双方更少就事论事地沟通，最终人事经理只好选择离开这个公司。

这是两个完全不同的行业和两件完全不同的事情，但问题的根源却是一样的，那就是管理者的期望是错误的。**其中，一个是对事怀有错误期望，另一个是对人怀有错误**

的期望。而错误的期望会导致错误的行动，最终的结果对自己对企业都不好。

我自己的经验是，管理者经常在以下这些方面有着错误的期望：

1. **期待一个新事物能很快有结果。**但事实上，凡是新的事情都不容易快。例如，新产品被客户接受、新员工发挥作用，这些通常需要一年甚至更长的磨合期。

2. **期待用复杂的技术或管理手段，解决由复杂性带来的问题。**事实上，解决复杂性的最好办法是降低复杂性，就像第一个老总的例子那样。

3. **期待能很快改变一个人。**事实上，一个人从小形成的思维方式几乎是很难改变的，性格和工作方式的改变是非常缓慢的。

4. **期待一个员工能在自己苦口婆心的教导下很快成长。**事实上，一个人的成长需要时间和机遇。成长是可能的，但成长需要时间。

5. **期待一个不平凡的人能很快帮自己改变周围的一切。**事实上，大部分管理者的宿命是和一群平凡人一起做出不平凡的事情来。

6. **期待自己能应付一切的事情。**事实上，没有一个人是超人，能自己应付一切。我们必须信任别人，必须放权，必须不断反省自己的局限。

当我们遇到无法解决的问题时，最好的办法是问问自己，是不是我们对人和对事有错误的期望？如果期望是错误的，我们就会越发心切，但解决问题的可能性反而越小。而当我们调整了期望，就会心平气和地寻找真正适合我们自己、适合企业以及适合员工的办法，也就可能让问题得到解决。管理者成长的过程，就是不断根据新经历和再思考改变自己期望的过程。

:: 宋博士推荐微博：

◎管理是一场博弈，你依赖一个人，就别想管住这个人。为防止对个别员工的过于依赖，要将这些员工的个人经验转化为企业经验，加强标准化工作。

◎别把思考都交给了电视，别把联系都交给了手机，别把双腿都交给了汽车，别把健康都交给了药丸。

⑭ 用“对齐”解决执行力的难题

大部分公司里最应该解决的，其实不是员工心态的问题，而是和员工对齐的问题。价值观的对齐最重要，如果老板和员工有共同的价值观，很多事情就根本不需要管理；其次是目标的对齐或者目标的一致性；部门间的对齐是老板或者总经理最重要的日常工作；还有一个很重要的是人员的对齐，即人员与岗位要求的对齐、个人优势与其所做事情的对齐。

在许多战争题材的电影里，我们都能看到这样一幕：在开始打仗之前，指挥官们会拿出各自的手表，把时间调整到一致。部队里的人把这件事称为对表。

对齐其实很简单，就是想办法让老板和员工有一致的目标，一致的看法和做法。换句话说就是，对齐是企业里的对表。

对齐为什么重要？如果我们在战场上说四点钟开始总攻，而每个人表上的时间不一样，那么仗自然是打不好的。

当一个公司里出现所谓的执行力问题时，我们往往会在员工的态度上找答案。我们会花很多时间给员工做思想工作，我们会花很多钱送员工去听某个大师的演讲，希望他能从此改变人生的态度。但我们很少从最简单的一个地方寻找问题的答案，那就是，**员工可能根本不知道我们在想什么，不知道自己该干什么，更不知道如何干才符合公司的期望。大部分公司里最应该解决的，其实不是员工心态的问题，而是和员工对齐的问题。**

企业里什么事情需要对齐？我的理解是四个方面：一是价值观的对齐，二是目标的对齐，三是部门间的对齐，四是人员与岗位的对齐。

价值观的对齐最重要，如果老板和员工有共同的价值观，很多事情就根本不需要管理（我一直相信，管理的最好状态是没有管理，沟通的最高境界是不用沟通）。如何做到价值观的对齐？我认为最重要的是选人，其次是在公司内部建立起一个相应的文化氛围，能把有类似价值观但和公司不太一致的新人同化。

其次是目标的对齐或者目标的一致性。很多公司的问题是，员工理解的目标和公司真正的目标不一致，两者统一不起来。解决这个问题的办法是，正确使用老生常谈的管理工具：预算和目标管理。很多老板花在和员工讨论预算及目标的时间太少，公司目标通常是老板拍脑袋做出来的。这是导致员工不了解或者不认可老板目标的根本原因。

部门间的对齐是老板或者总经理最重要的日常工作。公司大了之后，必须分而治之。分而治之就意味着原来一个人办的事情，要分给两个人办；原来一个部门办的事情，要拆分给两个部门办。但只要有分，就必然出现部门间的协调问题。让众多的部门为了一个共同的目标而努力，就是部门间对齐要解决的问题。解决这个问题的办法不外乎开会，报告，定制度，完善流程。

还有一个很重要的是人员的对齐，即人员与岗位要求的对齐、个人优势与其所做事情的对齐。这也是老板或者总经理日常工作的一项内容：不断地把合适的人匹配到合适的位置上。解决这个问题没有什么特别的办法，需要我们一生的修炼。

和管理者讨论对齐这个问题，很多人都表示自己已经做了很多努力，给员工讲了很多关于公司的事情，例如公司的愿景、公司的目标、公司的规划、公司的文化、公司的模式等等。

总而言之，管理者会觉得自己很无辜，不是自己不去沟通，而是员工不理解。但当我们沉浸在抱怨别人的自恋时，我们往往忘了：沟通不是目的，对方理解才是目的！用人者很多时候都在自讲自话，而没有了解员工是否真正理解了、相信了、认可了。

没有理解，就没有对齐。

没有相信，就没有对齐。

没有认可，还是没有对齐。

沟通其实不是目的，对齐才是目的！

:: 宋博士推荐微博：

◎很多员工虽然明白自己的目标，却不明白实现目标需要什么资源。老板应该教会员工要资源。只有当员工学会要资源时，他才能真正明白他的任务。

◎要善于总结并且和员工以及公众分享自己成长中的深刻感悟，这不仅可以在他们中产生共鸣而让自己的形象活起来，更容易赢得其尊敬和信任。

⑮ 做好人，不做老好人

我们应该做好人，不应该做老好人。好人会真正地负起责任，不怕得罪人，这样才能帮助自己的公司，帮助自己的员工，最后真正地帮助自己。老好人会用表面的一团和气害了自己的公司，害了自己的员工，最后也害了自己。

一位员工经常迟到，做事也不认真，经常出现不该出现的错误。开始时部门经理经常给这个人暗示，希望他能够改正，但一直没有什么作用。老板看到这个情况后提醒部门经理，说你应该找他认真谈谈，也许要给他一次严厉的批评，实在不行了，你就换个人吧。

部门经理按老板的指示找他谈话。但真正到了谈话的时候，经理绕来绕去就是无法说出批评的话，因为他不愿意“伤害人”。

时间久了，大家对这个人做的事情就习以为常、视而不见了。但他的工作还得有人做，不得已部门经理就自己承担起来，做了越来越多本该这个员工做的事情。

部门经理后来实在受不了了，就要求公司加人。公司为这个部门加了人，但新来的员工看到前面的“榜样”，也不认真工作。虽然连续加了几个人，但是这个部门的工作并没有起色，部门经理反而比原来更累了。他除了要兼做本来该这些员工做的事情，还要管这些越来越难管的人。

这个经理的问题在哪里？

在我看来，是他的“老好人心态”让他无法做一个经理应该做和必须做的一件事情，那就是冒着得罪人的风险，去指出员工的错误，批评员工不合理的行为，甚至在对方不改变的情况下，辞退这个员工。

老好人心态是不负责任的心态。

我们比较容易看清的是，**老好人对公司的不负责任。**容忍一个经常违背公司制度和不做事的员工，会极大地伤害公司，这不仅是因为有人拿了工资不做事，更可怕的是这样的人会破坏整个公司的工作氛围和做事的文化，就像俗话说的“一颗老鼠屎坏了一锅汤”。

不太容易看清楚的是，**老好人心态肯定导致对下面员工的不负责任**。好的管理者像园丁，这包括施肥、浇水、关心、爱护，但也包括在必要的时候修剪。一个只想当老好人的经理不能帮助下属成长，因为他不愿指出和制止一个人的错误，而这是一个人成长的必要条件，就像俗话说的“严师出高徒”。从这个角度看，从来不批评员工的经理不会是好经理。**合理地批评人，其实是在帮助人，是真正的好人要做的事情。**

最不容易看清的是，**老好人心态其实是对自己不负责任的心态**。老好人虽然维护了和别人表面的和谐，但实质上无法掩盖部门工作效率不高、员工没有进步的事实，最终不仅让自己过得很辛苦，同时也得不到公司的重视和员工的认可，最终自己的感受就像俗话说的“好心不得好报”。

我们应该做好人，不应该做老好人。好人会真正地负起责任，不怕得罪人，这样才能帮助自己的公司，帮助自己的员工，最后真正地帮助自己。老好人会用表面的一团和气害了自己的公司，害了自己的员工，最后也害了自己。

∷宋博士推荐微博：

◎“管理过程之父”法约尔认为，如果领导者不能淘汰不称职者，就等于放弃指挥权。

◎一谈到宽容，许多人就把它和惩罚对立起来，这是极大的误解。惩罚是针对工作中的错误和失职的，宽容是针对员工的缺点和弱势的。

⑯
剔除用人的“穷人心态”

要想让自己、自己的部门和自己的企业取得成功，我们必须剔除自己身上的“穷人心态”，必须学会正面思维，必须持续不断地学习，必须学会正确地算账：重要的不是节省成本，而是看付出了是否能够得到好的结果。在企业的用人上，更是这样。

我们和比尔·盖茨有什么区别？

大部分人会说，比尔·盖茨是世界首富，我们不是。比尔·盖茨很有钱，我们钱很少。但事实上钱多钱少不是根本问题，根本的问题是我们的心态问题。我相信像比尔·盖茨那样靠自己努力而富有的人之所以富有，是因为他们拥有大部分人都不拥有的“富人心态”，而大部分人之所以富不起来是因为他们的“穷人心态”。

什么是富人心态？

普通人会说富人的心态是自私，是宁可我负天下人，而不让天下人负我；富人的心态是剥削，是压榨，是投机。但我相信，大部分拥有财富的人之所以能够富起来，绝对不是靠上面的这些，甚至正好相反，自私的人是无法获取大的利益的：我们用常识都可以判断，谁会和自己不能信任的人做生意呢？而没有人愿意和你做生意，你又能从哪里赚钱呢？

真正的富人心态是超过常人的正面思维，超过常人的学习精神，以及与众不同的算账方式。

比尔·盖茨、李嘉诚、松下幸之助、稻盛和夫、阿尔迪兄弟，都是这样的典范。而穷人之所以穷，是因为他们的负面思维，是因为缺乏学习精神，当然还有致命的“穷人算账方式”。

正面思维和负面思维对财富造成差异我们很容易理解，有没有学习精神对财富积累的影响我们也很容易理解。但什么是富人的算账方式，什么是穷人的算账方式？简而言之：

富人的算账方式是首先考虑“我的付出能得到什么”；

而穷人的算账方式是“只考虑我的付出或成本”，如果成本太多我就不做，如果成本太贵我就不买。

富人的算账方式能够让富人的财富增加：如果我花100万能够让我得到200万的收益，这100万一定要花，哪怕去借100万；穷人的算账方式让穷人死守自己已经拥有的那一点点：如果我有100万，最好是一分钱不花，不管花了钱能得到多大的收益。

在大部分公司里，用人和其他方面的穷人心态比比皆是：

培训部的负责人做预算，首先考虑的不是公司的员工应该得到什么样的培训才能让公司进步，而是想尽量多地为公司省钱。结果自然是公司的员工得不到足够的培训，因而无法完成任务。

负责招聘的人同样为了省钱，只招聘工资要求低的人，而不管这个人是否符合一个岗位的要求。

财务部的人为了省钱，不愿意花5万元钱去买一个已经非常成熟的财务软件，导致财务部的人天天加班。

做销售的为了控制销售费用而减少和客户见面，因此浪费大量的业务机会，等等。

不少老板也有用人上的穷人心态：把给员工的工资和福利当作成本，能省尽量省，结果导致优秀员工的大量流失。

不少员工也有员工的穷人心态：不是自动自发地工作和付出，而是给一分钱做一分钱的事情，不给钱就不做事情，这样的人得不到提升和挣不到钱是非常自然的事情。

要想让自己、自己的部门和自己的企业取得成功，我们必须剔除自己身上的“穷人心态”，必须学会正面思维，必须持续不断地学习，必须学会正确地算账：重要的不是节省成本，而是看付出了是否能够得到好的结果。在企业的用人上，更是这样。

:: 宋博士推荐微博：

◎很多人减成本只从消极的一面考虑，认为成本只能减，其实是错误的。关键是舍得投入，因为投入就是播种。舍不得投入代价是巨大的。

◎由社会保险待遇提升及覆盖面扩大带来的企业人工成本上升是不可逆转的大趋势。企业要尽早地做准备，用设备、技术、管理提升人均生产率。

[第3篇]

用人的方法

没有方法的理论是空洞的，无力的。
让真理和智慧落地的是方法。

⑰ 用人就是要不断“推卸”责任

一个聪明老板要做的，是不断地“推卸”自己的责任，让别人操起心来，让别人多干事情，让别人变得能干起来。员工很像弹簧，老板强他就弱，老板弱他就强。打破恶性循环唯一的办法，是我们不用衡量自己的标准去要求员工。老板永远不能推卸的是自己的“政治”责任，那就是保证公司的生存，给公司明确的发展方向。除此之外所有的责任，老板都应该逐步“推卸”给自己的管理者和员工。只有这样，员工才有空间，企业才有发展，老板才有活路。

在易中年会广州站，一个老板向我诉苦。

他的企业是做工艺瓷器制造的，有近十年的历史，一年有几千万的营业额，将近200个员工。前些年公司发展很快，但最近两三年不知为什么，怎么努力营业额也上不去了。不仅如此，作为老板的他越来越忙了。

产品的设计要他亲自去抓，不然就出不来好产品。产品的销售也要他亲自管，不然销售不但升不了，还会下降。生产也离不开他，因为自己不在现场管理，就会出质量问题。

他问我，有什么办法能让他从忙乱和救火中解脱出来，有什么办法能让他的公司重新回到增长的轨道?

我对他说，其实他的问题很简单，那就是他自己成了公司的瓶颈。

他做的越多，别人对他的依赖就越多。

他越能干，他下面的人就越不能干。

他越操心，下面的人就越不操心。

一个聪明老板要做的，是不断地“推卸”自己的责任，让别人操起心来，让别人多干事情，让别人变得能干起来。如果他把自己的责任推了卸了，如果他通过“推卸”责任让别人成长了，他的公司自然就会重新回到增长的轨道上来。

我猜测，这位老总对我说的话半信半疑，因为他之所以自己操心、多干、能干，就是因为周围的人不操心、不多干、不能干。怎么可以让这些不愿干、不能干的人干这些事呢？这样做公司不是会乱掉吗？

年会上我们没有时间继续讨论，但下面是我对这个问题的看法，也许能帮助很多和他有同样困惑的老板朋友。

老板为什么找不到能够承担起责任的员工？**我认为问题的关键是，很多老板在用衡量自己的标准衡量员工。**这是老板不能相信员工，不能放心授权，不能“推卸”责任让自己轻松的最重要原因。

老板是企业里最好管理的人。老板往往给自己很高的要求，无论是做事投入的程度，还是做事的效率效果。假定优秀的标准是90分，老板往往要求自己达到110分，甚至130分。

用衡量自己的标准去衡量员工，老板就会觉得，几乎没有一个员工能够合乎标准，即使是公司内最好的员工也是如此。因为没有人能达到我们的标准，我们对下面的人就不放心。我们越不放心，自己就做得越多。

当然我们自己做得越多，就会经验越多，在一件事上也会做得越好。但我们做得越好，我们和员工之间的距离就越大，我们就更加无法放心地让员工做这件事情。

这样我们就掉入了一个不能自拔的恶性循环。

但即使老板自己能做到130分，能超越优秀，只有老板一个人的企业也只能做130分的事情。如果我们意识到一个企业无法复制像老板一样的人，如果我们学会接受只能做到70分的员工，如果我们有10个这样可用的员工，企业能够做到的就是10×70=700分的事情！

所以老板要想打破自己130分的瓶颈，就必须学会接受70分的员工，并且找到一条充分利用他们能力的途径。

管理的坏消息是，130分的老板无法复制。

但管理的好消息是，70分的员工几乎可以无限复制。

如果我们不追求130分的完美，而是给现在只有60分能力的员工尝试的机会，那么他们很可能成长到80分甚至100分的水平。

员工很像弹簧，老板强他就弱，老板弱他就强。打破恶性循环唯一的办法，是我们不用衡量自己的标准去要求员工。

老板通常是多面手。哪里需要我们，我们就在哪里；什么需要学习，我们就去学习什么。不知不觉中，老板变成了公司里最厉害的产品经理、研发经理、销售经理、客服经理、质量管理经理、生产管理经理、采购经理、人事经理、财务经理、技术经理、培训经理，等等。但当我们要求员工像我们一样成为多面手的时候，我们会发现，这几乎是不可能的事情。

我们想把责任卸给一个和我们一样的人，但这是不可能的事情。老板应该做的事情，是不断把揽在自己身上的责任一一卸掉，但不是卸给和自己一样的多面手，而是卸给越来越多的部门经理和某个专业方面的员工。他们不像我们要求的那么完美和全面，但他们最终能做得比我们好得多，因为他们有一个任何老板都无法拥有的优势，那就是在一件事情上时间的投入。

老板永远不能推卸的是自己的“政治”责任，那就是保证公司的生存，给公司明确的发展方向。除此之外所有的责任，老板都应该逐步“推卸”给自己的管理者和员工。只有这样，员工才有空间，企业才有发展，老板才有活路。

:: 宋博士推荐微博：

◎真正做到授权，要下狠心：一是对下属，一是对自己。你心疼下属的后果肯定是反授权，害怕结果不好而心疼自己的后果是把授出的权利再要回来。

◎很多人的压力来自自己把自己看得太重。承认自己的缺陷，承认自己的无力，做真实的自己反而能产生抗压的力量。

⑱ 老板应该如何“推卸”责任

“推卸”责任的过程应该贯穿于老板工作的全部时间。当我说把老板责任“推卸”给其他人的时候，不是指一个人，而是指一群人。成功“推卸”责任的关键还在于持续做公司的“组织建设”。有了专业的人和设置合理的部门，老板“推卸”责任的下一个关键点就是，如何引导和帮助这些部门设计出合理的制度和流程，建立良好的合作文化，以便让这些部门间的合作畅通无阻，而不是像以前一样事事找老板。当你所有这些事都做得差不多的时候，你的责任就能“推卸”下去。

“老板就是要不断推卸责任”这篇文章在《老板顾问》

发表后，不少老板朋友说，这个道理他们其实是知道的。但如何做却是一个大问题，弄不好不但责任“推卸”不了，还会引起公司的混乱。

一个老板给我讲了他自己的故事：他五十出头，公司已经做了二十年了，感觉什么都已经按部就班，就找了个比自己年轻十岁，在公司已经工作十五年的接班人，把全部事情丢给他，自己下狠心出国游学了。几个月后回来一看，发现公司的问题非常多：经营业绩在下降，员工情绪不稳定，自己选定的接班人着急得生病了。他回来带领大家开了几个会，情况又马上好转了。他苦笑着对我说，我非常想按你说的那样“推卸”责任，但问题是“推卸”不了。

对这个问题我的反思是，**老板不应该只知道“推卸”责任，还要知道如何“推卸”责任，以及把责任“推卸”给谁。**

如何“推卸”责任？关键是持续地、有序地“推卸”，而不是像上面例子中的老板，一下子把自己所有的事情都让另外一个人做，并期望这个人能做好。

“推卸”责任的过程应该贯穿于老板工作的全部时间，有一个可以“推卸”的事情，就“推卸”掉一个，但没有准备好的事情绝不能一推了之，不然就会出现上面的问题。“推卸”责任的关键是，知道把责任“推卸”给谁。

我们的误区，一是认为我们只能把责任“推卸”给一个人，二是认为这个人应该尽量和我们一样。如果能找到一个态度能力和我们一样但比我们年轻的人，这个想法自然是成立的。但现实中实现这个想法的概率几乎是零，因为老板之所以成为今天的样子，和我们的经历、时代、圈子关系很大，但我们不能期望比我们年轻的人在这些方面和我们有共同点。

所以当我说把老板责任“推卸”给其他人的时候，不是指一个人，而是指一群人。

这群人中没有一个会像老板一样全面和灵活，但他们在各自的角色上都应该比我们更专业。老板实际上同时是公司里的产品经理、研发经理、销售经理、客服经理、质量管理经理、生产管理经理、采购经理、人事经理、财务经理，但别指望在这个世界上能找到一个像我们一样全面的人，既能做销售，又能做研发，还能做生产管理、人事管理等等。我们唯一能做的是，找到一群（不是一个!）在一个方面能干的人，把我们在某一个方面的责任推卸给他们。

成功地“推卸”责任的关键还在于持续做公司的“组织建设”，也就是持续不断地把原来由老板担当的职责“推卸”给公司原来从来没有设置过的部门和岗位，例如产品研发部、品牌公关部、产品经理、关键客户经理等，让这些部门和岗位承担起相应的责任。

有了专业的人和设置合理的部门，老板“推卸”责任的下一个关键点就是，如何引导和帮助这些部门设计出合理的制度和流程，建立良好的合作文化，以便让这些部门间的合作畅通无阻，而不是像以前一样事事找老板。

当所有这些事都做得差不多的时候，你的责任就能“推卸”下去。即使你较长时间不在公司，也不会出现混乱。但这个过程肯定是一个持续2～3年，还可能很痛苦的过程，因为你需要同时做并且做对很多事情：想清楚你的组织结构，设置好合理的岗位，为这些岗位配上合适的人，用制度和流程让这些人和部门之间保持有效的沟通，让所有人改变依赖老板做决定的工作习惯，给有依赖感的人断奶。做好这些事情的关键是，你改变自己的思维，学习做上面所提到的也许原来并不会做但又必须做的事情。

在这个阶段你会面临一个困境，那就是，开始时你要花比平时多得多的时间带领公司完成这个转变。这是一个先苦后甜的过程。没有开始的苦，就很难有后面的甜；有了开始的苦，就有后面的甜。一旦完成了这个转变，你就会有时间和精力做更重要的和自己想做的事情了。如果想省去这个环节，像开头的那个老板那样，你就不仅仅要从头做起，还要耽误更多的时间。

:: 宋博士推荐微博：

◎企业需要精神领袖。不做老板做教父，不仅是企业家的个性追求，更是企业发展的必然需要。

◎企业文化70%是老板文化。老板的一举一动都在深刻影响你的企业价值观。很多老板会把自己视为公司，但这是一个根本的错误。

⑲ 如何最大限度地发挥员工的作用

创新不是目的，复制才是目的。创新与复制，就像自然界的阳与阴，谁也离不开谁。很多企业的问题不是缺少创新之阳，而是缺少复制之阴。种下创新种子的同时，不要忘记复制、复制、再复制！复制才是最大程度发挥员工作用的办法。

一位总经理把他的年度计划给我看，请我帮他把把关，出出主意。在他的计划中，我看到非常多新奇的创意和想法：

- 在现有的3个产品之外，他还想再做两个新产品。
- 在现有的渠道之外，他还要添加3个新渠道。

- 在现有的客户群之外，他还想增加两个新客户群。
- 在现有的几个销售模式之外，他还想再尝试一个新模式。

当他描述对未来创意的时候，我看到他陶醉在自己的梦想中，他的眼神里充满了对新的一年无限的期待。我感觉到，他希望从我这里得到对他一个人花费了大量心血做出来的计划的肯定和赞许。

但我对他说：非常抱歉，在你的计划里，我看到的是创新、创新、再创新，却没有看到一点点更现实的复制。其实一个年度计划里应该70%是复制，30%才是创新。

我问他：你有没有总结过，在过去一年里，你们什么地方是做得好的？在你的计划里，有没有把已经经过验证的过往的创新复制、复制、再复制？

他说对这个问题没有多想，因为感觉那些事情大家都已经知道，重复一个已经会做的事情对他而言没有挑战性，自己作为老总首要任务是带领大家创新。

创新的确是重要的。没有创新，没有独一无二的追求，一个企业就不可能走远。但只知道创新，不知道把成功创新通过复制放大到无法再放大，也是错的，而且这个错误可能是我们管理者和员工最容易犯的，同时也是最愚蠢的错误。

为什么说这个错误愚蠢？

我们都知道老熊掰棒子的故事，我们都会嘲笑老熊的愚蠢。但很多公司努力做出的众多创新的命运不是和老熊掌中的棒子一样，被拿起又被扔掉了吗？如果我们对过往通过艰难的创新取得的成果，没有充分总结和利用，就继续做同样艰难的新的创新尝试，那不就是舍近求远吗？

很多企业的成功其实不是创新的成功，而是复制的成功，例如大部分连锁企业。有一些企业的做法甚至不是复制自己的成功，而是复制别人的成功，例如很多人认为腾讯就是这样成功的。应不应该复制别人的成功是另外一个问题，但复制自己的成功是没有任何问题的。易中的德国合作伙伴Haufe取得增长的一个秘诀就是收购别人的产品，然后用自己成熟的渠道把产品销售出去。这其实也是复制，和腾讯的做法没有太大的差别。

年终做计划或预算的基础不应该是天马行空的创新，而应该是对企业过往有意识试验（有意识地创新）及无意识经验（意想不到的成功）的总结。

创新不是目的，复制才是目的。

总结让复制成为可能，年底时候老总带领大家做好一年的总结，是比创新更重要的任务。只有总结好了，才能把过往大家费了九牛二虎之力取得的经验发扬光大，才能取得事半功倍的结果。

- 对模式的总结，会让你的企业有更强的核心竞争力。
- 对组织方式的总结，会让你的员工更有战斗力。

- 对产品的总结，会让你的销售成功率大大提高。
- 对人事的总结，能帮助你大大提高员工的积极性。
- 对客户关系的总结，会让你的经营更长久稳定。

创新与复制，就像自然界的阳与阴，谁也离不开谁。很多企业的问题不是缺少创新之阳，而是缺少复制之阴。种下创新种子的同时，不要忘记复制、复制、再复制！复制才是最大程度发挥员工作用的办法。

宋博士推荐微博：

◎领导者的权力是为责任服务的。制定规则的本身不是为了限制每个人，而是为了更好地服务大家，让团队中每个成员都能更好地成长。

◎（转发）美国心理学家卢维斯说：谦虚不是把自己想得很糟，而是完全不想自己。如果把自己想得太好，就很容易将别人想得很糟。

⑳

如何成倍地提高做事的效率

如果我们长期观察企业的发展，就会发现，企业真正的大幅增长（倍增）来自不可预计的创新（建设）及其成功后的复制，而不是对已有东西的改造（优化）。先创造，后改进。先建设，后优化。

给一位做消费品的客户进行电话咨询的时候，发现这个公司的问题是，已经好久没有新产品上市了，更谈不上应有的新产品上市频率。因此我给客户建议，短期内尽快研发出一款新产品并让其上市，同时成立研发部门，制订研发计划，以便为未来持续推出新产品做好组织建设工作。

半年过去了，这个客户又来电话咨询。我问他产品开发上的进展，他说：我们已经讨论过好几次新产品的事情了，但开始时大家都不满意新产品的创意，后来的讨论又都不满意做出来的新产品的样子，再到后来又定不下来新产品的价格，讨论来讨论去，没有办法做决定，直到今天新产品还是没有上市。

我又问他产品研发部是否已经成立。他说：这个事情我们也讨论过好几次。第一次我们想从内部找个有能力的人负责这个事情，但发现内部没有一个人适合这个工作。我们就把注意力转到外部招聘，但直到今天还没有找到一个合适的人选，好像市场上也没有这样的人才。加上其他事情很多，这个事情就没有做。

这是企业里非常典型的情况：我们要做某一件事情，为了把这件事情做好，一而再再而三地推迟它，以至于这件我们本来认为非常重要的事情被一再拖延，最终大家忘记了做这件事的初衷，也失去了开始时的热情，从而导致一个非常值得做的事情流产。

这是一个企业里典型的“优化”阻碍“建设”的例子。

什么是建设？

就是把一个事情从无到有做出来。

什么是优化？

就是把一个已有的事情做得更好。

建设的效果是什么？

往往是让你的业绩以倍数增加。

优化的效果是多少?

最多让你的业绩有百分之几十的增长。

在成长型企业里和我们很多的日常工作里，过早和过分的优化是没有意义的，因为这样做会导致企业应该进行的建设工作没有资源做，而效果不大的优化工作又会占据企业大部分的资源。当你有三倍增长的事情（建设）可以做的时候，千万不要让增长30%的事情（优化）绑住你的手脚。

如果我们长期观察企业的发展，就会发现，企业真正的大幅增长（倍增）来自不可预计的创新（建设）及其成功后的复制，而不是对已有东西的改造（优化）。

但人们往往喜欢优化，忽视建设。

这一方面是由于每个人天生的完美主义倾向造成的，另一方面是由于学习对象给我们的错误引导。

成长型企业的学习对象往往是大企业。大企业做的事情往往是优化，而不是建设和复制，因为几乎所有该做的建设和复制工作都已经在大企业漫长的历史中完成了。这往往导致我们错误的判断。尤其是当我们从大企业挖人来帮助我们时危险更大，因为我们挖到的这些人往往不是大公司前期历史的见证人，而是大公司后期的优化者，他们的经验很容易导致我们错误的判断。

大企业真正值得我们学习的，不是它们现在做什么，而是它们在发展历史上做过什么才导致它们有今天。大企业真正值得我们学习的，不是在其历史上做过什么事情的优化，而是做过什么事情的建设。其实优化不用学习，因为人人都会本能地做优化，也容易做好。但建设必须学习，因为从无到有不容易做，我们更不会本能地做。因此，优化不用老总去管，但建设必须由老总亲自管。

先创造，后改进。

先建设，后优化。

:: 宋博士推荐微博：

◎激情绝不是年轻人的专利。激情和年龄没有关系。和激情有关系的是我们健康的身体，高远的目标，强烈的使命感，以及新鲜感和好奇心。

◎细节会导致差异，但过早纠结于细节，则会引来异议、多如牛毛的会议以及延期。你会迷失在不重要的环节中，浪费时间去做一些迟早要变的决定。

21

发挥公司三类人的作用

我发现一个企业里有三类人：创造者、优化者和执行者。这三类人对公司的贡献是非常不同的。如果执行者对公司的贡献是1，优化者对公司的贡献则是在1的基础上提高一些百分比，创造者却能让1变成3、5甚至是10。作为管理者，我们的任务是知人善用，让擅长创造的人去创造、擅长优化的人去优化、擅长执行的人去执行。

处于成长期的企业，不能过早地把自己有限的时间和资源放在效果只有“建设性工作”十分之一的“优化性工作”上。我非常强烈地感到，这不仅是老板的问题，也是企业里很多管理者以及骨干员工的大问题。

大部分企业中最重要的人，往往不是在做最重要的事情（那些还没有人做过，因此可能不容易实现，但一旦做出来能够让效果提高十倍的事情），反而是在做大量的效率不高的、重复的（不是复制！）、最多可以称得上是改进的事情。

令人费解的是，当你非常明确地告诉一个人他应该把手头相对无效的工作放下，做重要事情的时候，他会告诉你很多理由为什么不能改变目前的做法：

- “我不是不想这么做，是我需要时间来规划这件事情。”

通常，“规划”的结果是大家都渐渐忘了原来要做什么，或者当相应的结果拿出来时市场已经时过境迁，或者竞争对手已经走在前面了。规划通常是创新的敌人，你能规划的，仅仅是创新成功后的复制。

- “我不是不想这么做，但我手头还有太多的活要做，没有时间做新的事情。”

通常我们手中的活是重复的事情。而过去的经验已经表明，这样的重复工作是没有太好效果的，要不然大家也不会想办法做新的事情了。其实通常只需做重复事情所花费的时间的一部分，就能尝试新事情了。

- “我不是不想这么做，但我要做的事情需要其他部门配合，我问过了，其他部门不能及时配合，所以这个事情只能往后拖。”

通常这类人不认为积极影响其他部门配合自己完成对公司极为重要的事情是自己的事情，而是选择“理解”别人的时间安排，做老好人。如果你是主动的，上司又支持你的新事情，部门配合的问题是可以解决的。

我发现一个企业里有三类人：创造者、优化者和执行者。

- 创造者为公司找到成倍提高效率的办法。
- 优化者只是把这些做法加以改进。
- 执行者则只知道按上面的要求去做。

这三类人对公司的贡献是非常不同的。如果执行者对公司的贡献是 1，优化者对公司的贡献则是在 1 的基础上提高一些百分比，创造者却能让 1 变成 3、5 甚至是 10。

作为管理者，我们的任务是知人善用，让擅长创造的人去创造、擅长优化的人去优化、擅长执行的人去执行。我们可能犯的一个大错误是让只会执行的人去做创造性的工作。如果你发现问题出现在这个上面，就要及时地调整你的组织结构、岗位设置及人员配置。

对一个员工来说，我的忠告是要尽量让自己从一个执行者成长为优化者，最终成长为一个创造者。对任何公司来说，创造者的价值都更大。

如果你想得到上司的青睐、职场上的晋升、薪酬的提高，最好的办法是学会为公司做创造性的、让效率倍增的工作，而不是天天一成不变地重复做你感觉很舒适、很熟悉的工作，或一些小打小闹的优化工作，更不是熬年头、搞关系、抱怨上司。当你的上司告诉你可以尝试新方向的时候，你应该积极地接受和积极地尝试，而不是用我上面例子中的话告诉你的上司为什么你不能做，或者为什么还需要半年的时间才能开始做。

为了自身的成长，请学会放弃对新事情的恐惧。

为了自身的成长，请不要掉入完美主义的陷阱。

做到这些的方法，就是让自己学会**先创造，再改造**。

:: 宋博士推荐微博：

◎（转发）韦尔奇的用人规律："在一个组织中，有20%的人是最好的，70%的人是中间状态的，10%的人是最差的。这是一个动态的曲线。一个善于用人的领导者，必须随时掌握那20%和10%人的姓名和职位，以便实施准确的奖惩措施，进而带动中间状态的70%。这个用人规律，被我称之为‘活力曲线’。”

◎老板应该关注两类人：少数的、非常能干的、有上进心的能人；大量的、平凡的、稳定的普通人。很多老板只关心第一种人，不关心第二种人。

㉒
4个排序让员工苦劳变功劳

建议一：做正确的事，而不是仅把事做正确。对大部分管理者来说，想清楚什么是正确的事情就及格了，因为一件正确的事情即使你只做对了60%～70%，你也会得到六七成的整体结果。建议二：抓大放小，从大到小。建议三：抓上放下，从上到下。建议四：向上沟通，向下沟通。

一个老板给我诉苦：公司里一个部门业务看上去很不错，大家一致认为市场潜力很大，部门负责人和下属也都很投入，几乎天天都加班。但几个月过去了，业绩却没有进展。更可怕的是，部门负责人开始悲观失望起来，开始怀疑公司对市场的判断力，怀疑自己做事的能力，怀疑做这个事情的意义。

到底问题出在什么地方？

我的经验告诉我，这样的问题通常不是外部原因造成的，问题很可能出现在这个部门负责人对自己及部门工作的错误排序上。我猜测这个部门的负责人自己在做大量细节的工作，同时也在指挥下属做更多的更细节的事情，但这个业务真正需要解决的大问题却没有人管理。

老板回去和部门负责人开了一个会，让部门负责人罗列自己正在做的以及他布置下去的工作。结果他发现这个人和他的下属都在做很多流程优化的细节工作，而部门内的大事如产品改造，新客户营销方案的设计，重要岗位人员配备却没有人过问。更糟糕的是，部门负责人认为他现在做的事情就是部门的大事，他根本不知道还有什么比他做的事情更大的事情。

这是一个典型情况，很多管理者在管理岗位上很久，却没有学到管理的一个真谛其实是在正确的工作排序上。排序对了，事半功倍；排序错了，事倍功半，就像上面例子中那个部门负责人那样。在这里把我给易中公司管理者的4个排序建议与你分享，也许能帮你理清你的管理思路。

建议一：做正确的事，而不是仅把事做正确。

这条原则应该是我们管理排序的终极原则。

我们首先要 do the right thing，做正确的事。其次才是 do the right thing right，即把正确的事情做正确。

如果我们特别聪明，我们也许能够 do the right thing right at first time，即第一次就把正确的事情做正确，但这绝对不应是我们做事的标准。**对大部分管理者来说，想清楚什么是正确的事情就及格了，因为一件正确的事情即使只做对了60%～70%，你也会得到六七成的整体结果。**但不重要的事情即使你做对了120%，它的整体效果也不会有10%。请在做一件事情前问自己：这真的是值得做的事情吗？

建议二：抓大放小，从大到小。

什么是正确的事情？你管理范围内的大事情才是正确的事情。什么是大事情？是你部门的大业绩，大人物，大岗位，大产品，大客户，大活动。你通常可以通过算账来确定事情的大小。抓大放小意味着，如果你有1000万的机会，就不要理会单个10万的生意，除非这是一个可以批量复制的事情。从大到小意味着，只有你的1000万的事情搞定了，你才去考虑100万的事情。请在做一件事情前问自己：这个事情到底有多大，值多少钱？

建议三：抓上放下，从上到下。

什么是大事情？上层建筑的事情是大事情。一个部门从上到下，有最重要的方向的问题（即决定做什么，不做什么，如何做），组织结构的问题（如何把事情合理地分配给多人处理），人员的问题（如何找到合适的人并且放到合适位置上），流程的问题（如何做才有效率），执行的问题。不考虑清楚上面的事情就做下面的事情，不从上到下梳理，管理必然是无效的。因为方向错了，一切都错。反之，方向对了，下面的事情即使不到位，你还有机会调整。再者，方向的问题解决了，就应该解决下一层的问题，以此类推。请在做一件事前问自己：这个事情上层的决定做了吗，做对了吗？

建议四：向上沟通，向下沟通。

如何才能保证你做的是正确的事情，大事情，上面的事情？

第一是向上沟通。只有这样，才能保证你的方向和公司一致。你的上司比你更了解大局，更富有判断事情大小的能力。和他们沟通是让你不犯排序错误最简单有效的做法。

第二是向下沟通，自上而下的沟通。只有这样，你的排序才能得到理解和落实。请在做一件事之前问自己：我的下级和我想法一致吗？

:: 宋博士推荐微博:

◎（转发）面对机会，大部分管理者分身乏术，而人数众多的员工要么无动于衷，要么无从下手。其实作为管理者，要教给下属一种方法或者方式，而不是代替下属解决问题！

◎企业如果不能获取利润，就不能向与它有关系的主体支付报酬；更重要的是，它不能为公众继续提供好的服务，从而也就失去了价值。

——亨利·福特

㉓ 创造“对事不对人”的管理氛围

一个方面是管理者要不停地告诉大家，我们所做的一切检讨都不是为了让某一个人难堪，而是为了解决问题；另一个方面是管理者要有自我批评的勇气和意识；最后管理者要有开始的勇气。信任，而不是猜忌，才是管理应有的境界。

《赢在战略》课上，一个管理者问我：一个员工有一件事明明做错了，但他是公司的一个骨干员工，如果我说他，他受不了不干了怎么办？但如果我不说他，他老是犯同样的错误又怎么办？我怎么解决这个两难问题？

一个企业的高层会议上，一个管理者问我：我交给一个骨干员工一件很重要的事情，他没有按时完成。但我知道他很辛苦，在做这件事的同时还做很多其他事情，而且别人配合得也不好，这事不能全怪他。但我不说他自己心里也难受，毕竟交给他的事情没有做好。我应该如何办？是批评他还是不批评他？

据我的观察，很多管理者在上面这类情况下选择了做“老好人”，就是不管事情，不批评下属，以免下属误解和生气，甚至选择离开公司。

管理者这样做了之后，事情通常又有以下的发展：出错的下属不知道自己错在何处，或者对错误不以为然，以后依然我行我素。其他的员工看在眼里，记在心里：只要我对公司有功，就可以重复地有过。

而管理者则因为事情没有得到应有的处理而耿耿于怀，内心对这个人的抱怨越来越大。终于有一天，将自己的怨气发泄到这个人或一些不相干的人和事上，结果对公司的管理造成更大更坏的影响。

这时“老好人”就走向了他自己都不愿意看到的另一个极端：让员工觉得自己很无情，同时很无理。

所以，无情往往成了老好人的另一面。

对这类问题，我的建议是，**管理者尽可能地创造一个“对事不对人”的管理环境，让事情和人情分开：人是人，**

事是事。

在这样的环境下，上司不能因为人情而回避任何重要和难以处理的事情。但同时他要让下属知道，他所做的一切，都是在检讨事，而不是在抱怨人。

如果管理者能形成这样的对事不对人的管理环境，下属就有更大的勇气承担大家对事情的讨论，因为他知道，大家的讨论都是为了更好地做事，而不是为了难为自己。

如果管理者能形成这样的对事不对人的管理环境，管理就会变得简单：我们讨论事情的时候不必过分顾忌感情这个无法把握的东西，不必在意谁说过什么话，不必在意谁对谁错，不必在意面子，只要把注意力放在解决问题上，一个问题的解决就可以期待了。

如何才能营造“对事不对人”这样的管理氛围，实现简单的管理？我觉得有三个方面很重要：

一个方面是管理者要不停地告诉大家，我们所做的一切检讨都不是为了让某一个人难堪，而是为了解决问题。

另一个方面是管理者要有自我批评的勇气和意识。如何让别人相信你能把人和事分开？首先从自己做起：自我批评不是对自己这个人的否定，而是对自己做错事情的反省。

最后管理者要有开始的勇气。因为习惯了做老好人，习惯了只表扬不批评，习惯了遇到事情躲着走，会很恐惧这样做的后果。但我的经验是，当你开始不因为回避感情问题而躲避真正的问题时，反而更能增加管理者的魅力，增加团队的凝聚力和企业的战斗力。

如果我们选对了人，如果我们自己有自我批评和承认错误的能力，如果我们能在对事不对人的氛围中培养自己的下属，那么一个部门、一个企业就能培养出上下相互信任的氛围，大家就能更好地就事论事，管理就能真正简单起来。信任，而不是猜忌，才是管理应有的境界。

:: 宋博士推荐微博：

◎批评应对事不对人。在批评员工前要先表扬一番；在批评后再表扬一番。总之，用一种友好的气氛开始和结束谈话。

——玛丽·凯

◎最有效的批评人技巧：找旁边没人的时候；姿态不要高高在上，声音不要太高亢；对事不对人，不要点评人格；尽量缩小批评范围，让对方去领悟。

㉔

如何通过会议管人

管理就是开会，但开会不一定就是管理。“会议五不原则”是重要的：一、不开没有主持人的会议；二、不开没有议题的会议；三、不开没有争论的会议；四、不开没有时限的会议；五、不开不做决定的会议。

对很多人来说，管理就是开会。大部分管理者的大部分时间都用在开会上。层级越高，管理者的会议就越多。你要找一个人？“领导在开会”。你想换一个时间找他？“日程这一周已经安排满了”。你有急事？对不起，“领导开的就是紧急会议”。

如果说不吃饭会饿死人，那么开会就是企业管理的家常便饭，不开会企业就无法正常管理。想想历史上有名的遵义会议、古田会议、庐山会议等等，我们便明白开会有多么重要。

管理就是开会，但开会不一定是管理。下面是我经常见到的一些会议场景，想必您也似曾相识。

A公司的月度销售例会上，各地分公司的经理分别用各自发明的表格表述着自己的业绩。对整体业绩不满的销售总监等不及区域经理结束发言，就迫不及待地告诉各个经理他应该做什么、不应该做什么。本来就不自信的下属更加不知道自己要说什么，会议也就慢慢变成了总监一个人的自说自话。最后总监很沮丧，因为没有人理解他的苦心。经理们也很沮丧，因为总监没有理解他们的辛苦。

B公司的一个部门周例会上，部门里的12个员工一个接一个发言。每个人都认真叙述了上周自己做了什么，像在念一本流水账。没有一个人关心别人说什么，每个人都在盘算自己如何说自己的事情。最后轮到部门领导总结发言，他也和其他人一样，给大家报告了自己上周做了什么事情。两个小时过去了，大家都觉得这样的会议实在无聊，但又没有一个人觉得能改变什么。

C公司的跨部门协调会议上，销售部的经理和生产部的经理在争论如何解决产品质量和交货期问题。每个人都振振有词，每个人都头头是道。总经理听着大家越来越激烈的言辞，越来越不知道该怎么办。考虑到两个部门的头儿都很关键，谁也不能伤害，就说我们这次无法做出决定，大家回去再想想，另定时间再开会讨论吧。其实已经讨论了很多次，本该做的决定，这次就又给放下了。

你会开会吗？**我相信大部分人认为自己会，就像每个人都认为自己会吃饭一样。但并不是每个人都会吃出健康。我们大部分人在开会，但大部分会议并没有效率，大部分会议也达不到会议组织者期望的效果。**

我相信会议是一个管理者最重要也是最常用的管理工具，每一个人都应该学会使用这个管理工具。如何开有效的会议，让会议帮您做好管理？我相信坚持下面的“会议五不原则”是重要的：

1. 不开没有主持人的会议。会议一定要设主持人，主持人一定要管理会议，主持人不能随便让别人替代，也不能形同虚设。

2. 不开没有议题的会议。主持人会前要准备好议题，给参会者足够的时间做准备，会中要保证会议不跑题。

3. 不开没有争论的会议。会议中主持人要引导讨论和争论，让每个不同的意见都有发表的机会。

4. 不开没有时限的会议。主持人要管理会议时间，要果断打断和会议无关的发言，要提醒发言者不跑题。

5. 不开不做决定的会议。主持人要尽量逼迫大家按一定规则在这次会议上做出决定，而不是延后决策。

管理就是开会，但开会不一定就是管理。只有掌握了一些根本原则，你才能充分利用开会实现你的有效管理。

∷宋博士推荐微博：

◎领导要给员工可以自由讨论的空间，甚至是有建设性的争吵。适度的争执不是坏事，冲突经常是真正进步的必要过程。

◎某企业定期举办案例分析会，让犯错、出问题者讲述事情经过，在场的人帮他分析出错原因并提出建议。一人犯错，众人受益。

25 如何用工具提高执行力

一是需要下属有学习和实践的动力，通常这是可以假设的；二是需要给下属足够的培训和“说教”，我们通常也是这么做的；三是需要让下属实际训练，通常这是企业里最欠缺的，而这是执行力差的根本原因。在培训＋训练这个（很慢的）常规方法之外，解决知行合一问题最重要的办法是，在一切可能的地方为下属创造让其容易执行的标准化的工具。管理者最重要的任务之一就是为下属发现或发明可以简化其工作、提高其效率的工具，而不是给下属灌输概念或者抱怨下属没有执行力。

一次，我参加一位年营业额近亿元的客户的内部会议，见到这样的情况：

公司的部门经理汇报完毕，负责业务的常务副总很不满意。不满意的原因倒不是因为上个季度的计划没有完成，而是他觉得部门经理汇报的方式像是报流水账，汇报的内容让他觉得这些人根本没有弄明白问题出在什么地方。

这位在跨国公司工作多年的副总因此不厌其烦地向这些管理者讲授了该如何分析报表、如何做PPT、如何汇报工作这些基础知识，把一个业务会议变成了培训课。最后他忍不住表达了自己的无奈：这些都是你们早就应该知道的，为什么到今天还是这样？为什么我给你们这么好的东西你们不接受？估计他想说但没有说出的话是：你们为什么这么笨？

我坚信他的做法很难改变什么，因为我知道这样的“培训”他已经做了很多次了。至少在一年前他就讲过这些内容。大家当时都还非常用心听，事后也试图照他说的去做。但现实却是，除了一两个悟性高的，公司大部分管理者至今还是不知道该如何做这些他认为中学生都应该知道和会做的事情。

大到公司老总，小到一个小组长，我相信我们在管人的时候都有和这位副总一样的感慨和无奈。我们苦口婆心，把同样的内容说了很多次，直说到我们自己都烦了，但下面的人还是做不到。通常我们把这个无法解释的现象归结为下属的“执行力”出了问题。

对研究人性的哲学家来说，管理者遇到的这个普遍问题其实不是什么新问题，而是他们讨论很多的“知易行难”的老问题。通过教授和培训我们可以让一个人**知道**一件事应该如何做，但知道如何做和有能力**做到**完全是两码事。

例如我可以用几句话给我的小侄子说清楚如何骑自行车，但他要学会骑自行车却需要一段时间的练习，而且几乎可以肯定他在这个过程中要摔跤。同样，教一个老外使用筷子也是一件你说起来很容易，他理解起来不难，但他做到却很难的事情。

如何才能把员工知道的变成员工的行动？

一是需要下属有学习和实践的动力，通常这是可以假设的。

二是需要给下属足够的培训和“说教”，我们通常也是这么做的。

三是需要让下属实际训练，通常这是企业里最欠缺的。而这是执行力差的根本原因。

在培训＋训练这个（很慢的）常规方法之外，**解决知行合一问题最重要的办法是，在一切可能的地方为下属创造让其容易执行的标准化的工具**，便于其把知识融入到工具中，就像我们不必理解物理学但照样可以坐飞机一样。

在开篇的例子中，如果那位副总一开始就给大家定义了标准化报告的格式（工具）、标准化报表的格式（工具）、标准化数据分析的格式（工具），那么大部分人都会按照这些工具要求去做，而不会像现在一个人做出一个样子来。

易中公司曾经有过类似问题，但在我们统一定义了“报告报表工具”之后，开会和讨论的效率就大大地提高。

我们生活在工具的世界里。我写这篇文章用的电脑是工具，相互联络用的手机也是工具；我们的办公桌是工具，桌子上的笔、笔记本也是工具；我们上班开的汽车是工具，晚上看的电视也是工具；喝的茶是工具，吃的药也是工具。人类学家说，人和动物最重要的区别是人会制造和使用工具。

好的管理者和差的管理者区别也在于对工具的认识和发现工具的能力。好的管理者有意识地制造和使用工具，**管理者最重要的任务之一就是为下属发现或发明可以简化其工作、提高其效率的工具，而不是给下属灌输概念或者抱怨下属没有执行力。**

:: 宋博士推荐微博：

◎企业里最难的工作就是把复杂问题简单化。领导只要看不到问题的本质就简化不了，就事论事，只会越办越复杂。

——张瑞敏

㉖ 如何评估培训的效果

真正重要的问题不是“如何评估培训的效果”，而是“如何做才能提高培训帮助员工成长的效果”，即让尽量多的员工尽快从较低的阶段提升到高一级的水平。

对于培训，每位老板和培训经理最关心，但同时也是最没有标准答案的问题是“如何评估培训的效果”。

在罗兰贝格做战略咨询的时候，客户最关心的，但同时也是最难回答的问题就是一个类似的问题：我花几百万做咨询，你能确切地告诉我效果将会是什么吗？

和一个成长型企业讨论其培训预算时，老板最关心的问题也是：你让我花几十万到几百万做培训，能告诉我它的效果是什么吗？

当一个客户提出这类问题的时候，通常他期待我能准确地告诉他，如果投一元钱在咨询或培训上，他能得到多少元的回报。

很不幸，我在罗兰贝格时对咨询效果的回答和现在对培训效果问题的回答是一样的：

> 亲爱的客户，这个问题我只能让你失望了。我相信培训和咨询对你的企业有“质”的帮助，但我却无法准确告诉你这个帮助会有多大的“量”。

如果你一定要知道培训的效果，我可以告诉你一个来自国外的经验值：**1 美元的培训投入通常可以带来 10 ~ 50 美元的投资收益**。

但千万不要把这个值直接套用在你的企业。如果你在错误的时间给错误的人用错误的老师做错误的培训，不仅会颗粒无收，还有可能给你的企业带来负面效益，这样的例子在中国并不少见。

尽管培训直接效果无法衡量，但系统培训对企业有用，尤其是在企业成长和生存的必要条件上，这一点是无可置疑的。好消息是，我们完全可以间接、定性地衡量培训的效果。一个好的培训能在下面六个维度上为企业带来极大的价值，也应该是企业衡量培训效果真正的关注点：

1. 员工是否通过培训学会了一些必要的技能？可以衡量培训效果的员工成长的三个阶段是：不会，会，熟练。

2. 员工是否通过培训掌握了某些领域的系统框架，专业水平是否得到了提升？可以衡量培训效果的员工成长的三个阶段是：不懂，懂，很懂。

3. 员工是否通过系列的培训有综合水平的提升？换句话说，员工是不是变得“好用”了？可以衡量培训效果的员工成长的三个阶段是：不可用，可用，好用。

4. 员工是否通过培训开阔了眼界，学会了融会贯通？可以衡量培训效果的员工成长的三个阶段是：死板执行，优化，创新。

5. 员工是否通过培训对公司更忠诚，企业是否更容易留住人？可以衡量培训效果的员工成长的三个阶段是：不可靠，可靠，很可靠。

6. 员工是否通过培训改变了态度，提高了工作积极性？可以衡量培训效果的员工成长的三个阶段是：不可燃，可燃，自燃。

如果我们把注意力放在通过培训帮助员工成长上，我们就不会纠结在我们花的钱会对公司有多少直接和定量的回报这个没有人能够回答的问题上（如果有人告诉你他知道答案，尤其是所谓的科学答案，请你一定小心）。员工成长了，企业自然也会成长，这才是培训真正的意义。

真正重要的问题不是“如何评估培训的效果”，而是“如何做才能提高培训帮助员工成长的效果”，即让尽量多的员工尽快从较低的阶段提升到高一级的水平。如何做才能提高培训帮助员工成长的效果？我建议你遵循以下六条原则：

1. 培训一定要针对你的企业现发展阶段要解决的问题，千万不要泛泛地学习，不要为培训而培训。

2. 针对要解决的问题，培训一定要系统，没有系统学习的员工不可能变得专业。

3. 培训一定要持续，突击培训无法得到可以期望的长效的改变，而使人得到长效的改变才是培训真正重要的效果。

4. 培训一定要针对特定人群有特定的专业内容，而不是为了省钱让所有人听一样的课。

5. 培训一定要和员工的晋升结合起来，没有经过系统培训的员工不能得到晋升或者要先补课。

6. 培训一定要有固定的预算，通常企业每年都应该拿出营业额的0.5%～1.5%持续地做培训，千万不能在培训上有“穷人心态”。

∷ 宋博士推荐微博：

◎（转发）咨询公司最大的价值在于其行业经验、中立性、解决问题的方法和其团队可以集中时间攻破某一个管理问题。管理顾问绝对不是万能的，也不可能在一开始就拥有问题的答案。

㉗ 组织团队活动有助于提升团队融合力

持续做团队建设工作，其中一个重要的环节是，制造更多的机会把两类人中的关键人物即管理者，在远离工作的地方“关”在一起几天时间，让他们在不被打扰的情况下朝夕相处、相互了解。这些管理者在此基础上，通过工作中的磨合，就能够逐渐形成一个优势互补的团队。

有一个规模近千人的企业，员工和管理层分别来自北京和江苏两个地方。来自江苏的员工纪律性和执行力非常强，领导说什么就做什么；来自北京的员工创新能力特别强，但不是很听领导的话。这个企业的老板问我，如何把这两类人融合到一起，同时又不让他们失去各自的优势？

坦率地说，这不是一件容易的事情，也不是一个能在短期内解决的问题。我给他的建议是：**持续做团队建设工作，其中一个重要的环节是，制造更多的机会把两类人中的关键人物即管理者，在远离工作的地方“关”在一起几天时间，让他们在不被打扰的情况下朝夕相处、相互了解。**这些管理者在此基础上，通过工作中的磨合，就能逐渐形成一个优势互补的团队。

随着业务的发展，我们易中公司也在不断引入专业人士和新的管理人员。如何让这些新人快速融入到老团队中？同时如何让这些新人的能力发挥出来？这都是易中公司面临的实际问题，和上面的客户提出的问题相类似。易中的做法是不断地、重复地做团队建设的工作，以帮助新同事尽快融入。我们最新一次的中高层团建活动是一起去内蒙古阿拉善地区的腾格里沙漠进行战略拓展，正像2010年的井冈山之旅和2011年年初的东南亚之行一样。

通过这样的活动，新同事很快认识了公司里的其他管理者，也很快被其他同事认识和接受。在一个远离日常工作、封闭的环境中进行的战略研讨能让所有人统一思路，起到了抬头看路的作用。同时，腾格里独特的景色和风土人情让所有人都开阔了眼界，而这正是中高层管理者成长过程中最需要的养分。

除此之外，腾格里沙漠还启发了我对一些事情的新感悟，现写在这里和大家共享：

一、唯一能吸引人的是你的特色。想通过丰富性取胜是一种吃力不讨好的做法，除非你的特色就是丰富性。这是我和当地最大的旅行社的老总探讨如何开发旅游市场时产生的想法。与其把其他地区的做法、玩法、吃法都引入阿拉善，还不如考虑什么才是自己的特色、如何才能把自己的特色发挥到极致。“在自己有优势的地方作战”是一条颠扑不破的真理。

二、对常人来说危险的事情，对行家来说却像是家常便饭。这是我在沙漠里坐越野车疯狂穿越时的感受。我有二十多年的驾龄，但如果让我在沙丘上以30~50千米/时的速度开车上上下下地穿行，肯定是一件非常危险的事情。但这样的事情对常年生活和工作在这些地方的沙漠司机们来说不存在丝毫的风险，因为他们是行家里手。

三、如何成为行家？定位在一个地方，保持热情，进行大量的训练和练习，再加上一点点能力。我问一个司机怎么敢在沙丘上开快车。他说他喜欢这个地方，天天生活在这个地方，天天练习，不知不觉中车就开好了。正如1万小时定律所说的那样：任何人花费1万个小时在一件事情上，肯定能成为那件事的行家。

四、要想少走弯路，就得往远处看；要想少走弯路，就得有向导；要想少走弯路，就得在上路之前花时间。同事文东老师给我们设计了沙漠中的定向活动，目标是在没有路的沙漠中（更不用说路标）走到我们的目的地天鹅湖。向导给我们的一个忠告是，当我们不知道方向时，就走到沙丘顶部往远处探寻目标。没有向导，我们可能寸步难行；没有地图，我们无法走出沙漠；没有充分的准备，我们无法应付险恶的环境。

五、富饶和贫瘠是相对的。即使是在沙漠里，也有远远超出我们想象的生命存在。来到沙漠之前我以为沙漠中没有多少生命，来了才知道我错了。沙漠是富饶的，不过是另外一种富饶，一种只有我们亲眼见过才会心仪的富饶。

六、奇迹是相对的。同样是一棵树，在我们熟悉的环境中生长一千年成为参天大树才是奇迹，但在沙漠里活下来就是奇迹。同理，一个在恶劣的生存环境中活下来的企业是值得尊敬的企业，因为活着就是奇迹。

:: 宋博士推荐微博：

◎（转发）腾格里印象：不是茫茫大漠，不是在沙丘上奔跑的越野车，更不是大自然造物的神奇。两天的朝夕接触，腾格里人的环保意识让我发自内心地佩服！今后当北京再飘起漫天沙尘，或许带给我的不再是烦恼，我想我一定能想起在沙尘暴的发源地有着一群执著、认真、没有生长在大草原的成吉思汗后人！

㉘ 建立企业文化的关键点

要建立好的企业文化，我想第一重要的是，我们作为管理者的表率、榜样作用；第二重要的是，我们招聘、选拔、培训、奖惩等人力资源政策的相应改变，能够支持和强化我们希望创建的企业文化，但它的前提是领导者的以身作则；第三重要的是，把我们提倡的理念、价值观、文化总结出来，并持续不断地向管理者和员工进行宣传和沟通。

企业文化重要吗？

企业文化肯定重要。

我们几乎可以把企业所有的问题归结到文化的问题。

为什么员工不善待客户？

为什么我的企业长不大？

为什么我们管理者不愿意学习？

…………

所有企业的问题我们都可以在“不好”的文化上找到根源。

但什么是企业文化？

企业文化就是企业信奉并付诸实践的价值理念，也就是说，它是企业家信奉和倡导，身体力行并在实践中真正执行的经营理念和价值取向。

表现在外面，我们看得见的是员工的行为举止，但它的背后是看不见的一些东西。这些东西是：

- **企业的核心价值观或信仰；**
- **员工思考的定式和假设；**
- **企业的游戏规则及行为标准。**

正是这些看不见、摸不着的被称为文化的东西，在左右着我们作为管理者及我们员工的行为；但我们要想抓住它，按照我们的意愿改变它，是一件十分困难的事情。**文化是一个企业历史的沉淀，是企业经营产生的结果，而不是原因。当企业继续发展时，它又会阻碍（坏的文化）或推进（好的文化）企业的发展。**因此，文化与企业的成败是一个互为因果的关系。

什么是好的企业文化？

好的企业文化是企业长期发展的动力。

好的企业文化能像灯塔一样指引前面的道路。

好的企业文化能造就、形成企业的正气，造就积极向上的氛围，同时可以弥补管理制度的缺陷，用员工的自律代替企业的监督。

好的企业文化的背后，是树立起为数不多的（对大部分公司都适用的）价值观，而这些价值观，其中大部分我们都在本书中讲到过，它们是：

——正直诚实

——信任

——结果导向

——敬业精神

——全局观

——学习及创新

问题是如何让一个不诚信的文化变成一个诚信的文化？

如何让一个不以结果为导向的文化变得关注结果？

如何让一个本位主义严重的企业变得关注全局？

如何拿一个好的文化取代一个坏的文化？

我想第一重要的是，我们作为管理者的表率、榜样作用。我们可以说一千遍要诚信，但只要我们自己有一次欺骗行为，在一个企业就很难有诚信的文化——管理者的行为决定了一个企业 70% 的文化。因此，如果我们要改变自己企业的文化，没有更好的做法，只有从自己做起！

我相信第二重要的是，我们招聘、选拔、培训、奖惩等

人力资源政策的相应改变，能够支持和强化我们希望创建的企业文化，但它的前提是领导者的以身作则；

第三点是，把我们提倡的理念、价值观、文化总结出来，并持续不断地向管理者和员工进行宣传和沟通。这是咨询公司能帮助做的事情。但如果没有领导者的以身作则，这样的塑造企业文化的措施还是空谈。

:: 宋博士推荐微博：

◎（转发）要培养一个有诚信的企业，我认为需要企业文化、激励机制、透明化管理三方面的配合才能有机会成功。

◎美的能够从一个23人的街道小厂发展到如今的规模，正是不断机制创新的结果。企业机制的弱化、退化，比一亿元投资失败更致命。

——何享健

[第4篇] 用人者的修炼

用人的根本就是管好自己。
管好自己的根本在于做人。

㉙ 用人者要学会转换角色

用人者应该是榜样。好榜样的力量是无穷的，坏榜样的力量也是无穷的。用人者还应该是首席教育官，要尽职尽责地教育、培训我们的员工和下属。用人者扮演的角色没有对错之分，只有合适与否之分。作为用人者，我们必须学会转换自己的角色；作为用人者，我们必须帮助我们的下属学会转换角色。

用人者应该扮演的角色是什么？

我们首先想到的可能是监督者。不错，这是用人者要扮演的许多角色中的一种，但绝对不是唯一的一种。

在一次培训课上，我记录了以下学员建议的用人者角色：

- 用人者是船长，能掌握方向；
- 用人者是家长，是一家之长；
- 用人者是朋友，能够互相帮助；
- 用人者是指挥家，让一帮个性张扬的演奏者汇集完成一部完整的交响曲；
- 用人者是将军，无论有多少士兵，都能让他们步伐一致；
- 用人者是队长，能够组织球星打好一场比赛；
- 用人者是教练，虽然不一定自己在场上，却能够让球员们打出好水平。

我想，这些都是对的，也都是很形象的比喻。

在这些角色之外，我想特别提出我们作为用人者的另外两个角色：

用人者应该是榜样。

许多次，我们被高层用人者请去当管理顾问的时候，要我们解决的问题是下面的问题：下面的人不诚实，下面的人不听指挥，下面的人没有创新意识，下面的人素质太差。很多次，我们发现，下面问题的根源在上面，在我们这些当领导的人没有扮演好我们应该扮演好的角色：榜样。

如果我们不守时，我们的下属也会学会不守时的。

如果我们不节约，我们的下属也会学会不节约的。

如果我们不诚实，我们的下属也会学会不诚实的。

好榜样的力量是无穷的，坏榜样的力量也是无穷的。

在易中——西门子 VDO 流动大学的开学典礼上，我的朋友，VDO 的老总阚雷博士在黑板上写下了 CEO 三个英文字母，然后问大家它的意义。

所有的人都说：CEO = 首席执行官。

阚博士说："对，但首席执行官的 E 的意义是 Education，是教育，是培训！

我相信，他是对的，教育、培训我们的员工和下属是我们作为用人者义不容辞的任务，**我们也因此必须学会扮演首席教育官的角色**。

在这么多的用人者可能扮演的角色里面，什么是对的，什么是错的呢？

我相信，**我们扮演的角色并无对错之分，只有合适与否之分**。当我们的产品出现质量问题的时候，我们必须是严格的监督者；当我们面临大风大浪时，我们必须是能给员工信心的船长、舵手；当我们面对激烈的竞争时，我们必须是英勇善战的将军；当我们面对需要我们扶持成长的下属时，我们必须是优秀的教练和导师。

但通常，许多的用人者只善于演好一个角色，不善于扮演其他的角色。例如一个人可能是很好的销售人员，但当你把他提拔起来做销售经理的时候，他可能表现极差。作为用人者，我们必须学会转换自己的角色；作为用人者，我们必须帮助我们的下属学会转换角色。

:: 宋博士推荐微博：

◎（转发）我看到的顶级的商人都有四个独特能力：第一，对人性的深度洞悉。第二，对信息中包含商机的超级解读能力。第三，一针见血直逼事物本质的能力。第四，知道“合能赢能大，独会小会死”这个道理。

㉚ 即使吃亏，也要信任

哪怕是吃亏，也要信任。哪怕是吃过亏，还是要信任。我们如何建立信任？关键还是管理自己，做到我们的父母、老师教过我们的那些老生常谈：言行一致，说话算数，为他人保守秘密，勇于承担责任，自己的错误不嫁祸于人。当然我们还要学会不让别人利用我们的信任。当我向管理者强调信任的重要性时，许多人说，我不是不想信任别人，但如果他滥用我对他的信任怎么办？惩罚他。让他知道失信的后果。除此之外，我们没有更好的办法。

在哪里，我都会这么说。

没有信任，管理就只剩下赤裸裸的监督。一有机会，你管的事情就会出轨。

为什么要信任？

博弈论是这么说的：面对一个陌生人，你如何开局（两个选择：信任他或不信任他）对你自己最有利？答案是：信任对方对你自己最有利。

为什么？如果你不信任对方，博弈的结果就肯定是两败俱伤（或者没有任何合作的余地）。如果你先信任他，再根据他的反应决定自己进一步的行动，那么最大的可能是双方形成一个共赢的局面。

我知道你要说：现实中可没有这么简单，人心险恶，信任别人意味着自己吃亏，我已经有过多少次这样的经验。

确实，我们每个人都有过信任别人而遭受损失的经历。我的父亲经常教导我的一句话就是：害人之心不可有，防人之心不可无。但问题是，作为用人者，如果我们没有能力在自己的周围建立起一个信任的绿洲，那么，首先我们没有生活质量可言，更重要的是，我们无法完成我们作为管理者的任务。我们可以有再好的管理风格，有再好的规章制度，有再好的企业文化，有再好的激励机制，但如果没有信任，这些东西就都是空中楼阁。

哪怕是吃亏，也要信任。哪怕是吃过亏，还是要信任。

我们如何建立信任？

关键还是管理自己，做到我们的父母、老师教过我们的那些老生常谈：言行一致，说话算数，为他人保守秘密，勇于承担责任，自己的错误不嫁祸于人。

当然我们还要学会不让别人利用我们的信任。当我向管理者强调信任的重要性时，许多人说，我不是不想信任别人，但如果他滥用我对他的信任怎么办？

惩罚他。让他知道失信的后果。除此之外，我们没有更好的办法。

管理的道理通常就是这么简单。我们大部分人的问题是，我们忘记了使用我们与生俱来的常人的判断力，而是听任复杂的管理理论让我们无所适从。

:: 宋博士推荐微博：

◎老板可以一人打天下，却一人治不了天下，要懂得“天下是天下人的天下”这个道理，要好好培养自己的团队和接班人。

◎企业的竞争本质上就是企业家胸怀的竞争。正面思维+积极处理的习惯，远胜于能力和经验。

31

说“Why not”，不说“Yes，but”

优秀的管理者对事情有着更积极的态度。积极态度意味着，我们要学会从被动地对外来的激励作出反应，变为主动地自我激励。

优秀管理者和常人的心态有什么不同?

我相信，**优秀的管理者对事情有着更积极的态度。**

我曾经有一个合资企业的客户，由于合资企业经营不善，外方请我们作为咨询顾问介入。这个合资企业最终在我们的建议下被关闭了。

当我问到外方总经理，他认为这个企业失败在什么地方的时候，他说问题出在你们中方的人常说“Yes，but”，而要想干好一个企业，我们需要的是“Why not”。

我请他解释什么是"Yes，but"，什么是"Why not"。他说，很简单：

当我向中方管理者提一个解决问题的办法时，他们的回答总是："是的，你说得对。但是……"，随后就会列出无数个理由，证明你的办法行不通。你如果让他们提出一个办法出来，他却拿不出任何想法。

我们需要的是说"Why not"的人：他们的想法很简单，当你想出一个建议时，他的反应是我为什么不试一试？也许能行得通。即使行不通，我也掌握了更多的经验，能让我设计另外一个可行的办法。

我相信，你、我和他一样，希望周围都是一些说"Why not"的人，但可惜的是，我们大部分人都爱说"Yes，but"。

积极态度意味着，我们要学会从被动地对外来的激励作出反应，变为主动地自我激励。作为企业管理者，我们的职位越高，每天面临的麻烦事就会越多。这是成功或者说升迁的代价。而越到上面，就越少有来自外部的激励，因而我们就越需要自我激励。

我服务过的德意志银行的一位董事是这么描述这件事的："我一生都在学习如何从我每天干成功的 10% 的事情

中获得足够的力量，以承受剩下90%的糟糕事。”

作为管理者，我们像登山者或者其他的挑战极限的人一样，每时每刻都面临这样的选择：上去或下来。成功的人从来不找理由下山去，而是找上山的路，向上走。失败者则可以发现1000条为何要下山的理由。他的理由都是客观存在的，但结果绝对是错的。

曾经的国足教练米卢说过，态度决定一切。这不仅适合踢足球，也适合做管理。

:: 宋博士推荐微博：

◎企业家与其他人的不同点是偏执。偏执里面包括执著，别人认为不可以，他却认为可以，不但要把组织能力变成可能，而且还要赢利。

——王石

◎很多企业死气沉沉，是因为每个人都担心会做错事，因而不会提新的建议。结果每个人都只延续以前的做法。这样的企业很容易被淘汰。

32

道德的力量

价值观大于战略，价值观决定战略。从长期来说，在正确价值观引导下的决策，才是对企业最有利的决策。稻盛和夫先生一次次的成功和反败为胜，都是受益于此。道德的力量、善的力量、道义的力量，能够引导我们走出内心的纷乱。

何万斌先生的著作《稻盛和夫的伟大基因》出版前，他请我写一个序。

我不是稻盛和夫先生思想的研究者，但由于 IBM 的白立新先生及很多客户的推荐，我也购买并阅读了很多稻盛和夫先生的书。同时我在准备关于“人性与管理”的课程的过程中，发现稻盛和夫先生的思想其实是对人性与管理的最好诠释。

我们现在的世界是一个纷乱的世界。无论做得比较好的企业家，还是做得不太好的企业家，都有深深的焦虑：不知我们的未来会如何。我们越来越不确定，当不少企业用不正当的手段快速取得财富的时候，我们是否还应该坚持我们孩童时代就知道的那些应该遵守的“做人的正确准则”。（作者注：“恪守做人的正确准则”，这是稻盛和夫先生的表达方式。我们通常会说“向善”、“不作恶”。）

稻盛和夫先生为我们树立了一个榜样，一个可以模仿的榜样。他像我们一样，是一个普通人，但通过自己持续不断的修炼，成了日本人和越来越多的中国人心目中的“经营的圣人”。何先生著作的第一部分“经营之圣”让我们了解了这一点。

稻盛和夫之所以是一个可以学习和模仿的榜样，在于他起步时像我们大多数人一样普通，而他的思维和做法却有很多中国哲学的意味。实际上也没有什么神奇，我们作为普通人都可以理解。

将稻盛和夫先生作为榜样，我认为首先是道德的榜样。他推崇的“哲学”，其实根本上是“道德哲学”，他生意上很多选择，其实不是生意的选择，而是道德的选择，做“正确的事”的选择。

在何先生的书中，有很多这样的故事，例如他不让自己的公司进入房地产，以及他在太阳能领域的坚持等。这些决策都不是出于钱财的考虑，而是出于道义的考虑。稻盛和夫先生的做法与收效让我们明白：**价值观大于战略，价值观决定战略**。从长期来说，在正确价值观引导下的决策，才是对企业最有利的决策。稻盛和夫先生一次次的成功和反败为胜，都是受益于此。

道德的力量、善的力量、道义的力量，能够引导我们走出内心的纷乱。而内心的纷乱正是外部纷乱的根源。我相信，如果有越来越多的中国企业家，把稻盛和夫先生告诉我们的那些其实中国人本来都很熟悉的内心修炼的知识，变成我们自己的见识，进而变成我们的行动与胆识，我们就一定能化解我们内心的焦虑，从而减轻来自外部环境的压力。

:: 宋博士推荐微博：

◎经营者除了具备学识、品德外，还要全心投入，随时反省，才能领悟经营要诀，结出美好的果实。

——松下幸之助

◎企业家都有一种使命感。赚钱当然是最重要的工作，可是，当获得大量金钱后，使命感便会油然而生。没有使命感，一个人很快便想到退休。

——郭鹤年

33

成功的底线与上线

我们每个人能做的是，设立自己成功的底线。如果说成功的底线是不伤害别人和不伤害社会，那么成功的上线就应该是尽量多地回馈社会，让我们对社会的回馈远远大于我们向社会的索取。这个差别越大，一个人的成功就越大。

深圳的课上，一个老板对我说：你讲得不错，一个管理者要想成功，必须修炼自己。但是我觉得，在我周围坏人成功的例子也挺多的。为什么坏人也能成功？为什么好人反而更不容易成功？如果坏人容易成功，我为什么要花力气修炼自己的品德？

他的反例是他同行业的一个人，靠坑蒙拐骗手段弄到了两、三个亿的资产，时间比他自己积累这么多财富要短得多。他已经辛辛苦苦干了十几年，而那个人得到同样多的财产只用了三四年。

我反问这位老板，你知道那个人现在怎么生活吗？你羡慕他的生活吗？你会用和他一样的方式得到财富吗？

他说他一点也不羡慕这个人的生活。他告诉我，这个人为了防止仇人的伤害，给自己雇了五个保镖，车子也装了防弹玻璃，过着虽然富有但天天提心吊胆的日子。他害过别人，也因此怕别人害他。

我说，那就对了。俗话说，善有善报，恶有恶报，不是不报，时候未到。

在当今的社会上，成功学的流行让很多人认为只有金钱才是衡量成功的唯一标准。很多所谓的成功人士用挣很多钱来向我们炫耀和证明他们的成功。很多所谓的成功人士用我们无法相信的挣钱速度来炫耀和证明他们的成功。很多人在对成功的追求中没有为自己设置底线：我们不要什么样的“成功”？

我相信每个人在开始追求成功时是有底线的，但当看到那么多没有底线的人“成功”之后，就逐渐动摇了自己的底线。就像我们开始排队时都遵守规则，但看到很多人不遵守规则而占到便宜时，自己也就会加入“加塞”行列一样。当大家都不守规矩时，每个人都变成了受害者。

毫无疑问，法律、媒体和社会的责任是建立规矩，为追求财富这个正当的人类需求设立法律、舆论以及道德的底线。作为个体，我们很难改变法律、媒体和社会。**但我们每个人能做的是，设立自己成功的底线。**

来自苏州的一个客户这么描述自己的底线：“不做恶，那是大公司的底线。不协助作恶，或许可以是我这个小作坊的底线吧。”

他同时问我：你有底线吗？你的底线是什么？

我的底线和这位苏州朋友差不多，那就是不作恶，不在追求自己成功的时候伤害别人和伤害社会，不做让自己睡不着觉的事情。如果挣钱意味着要违背这个底线，那这样的钱就不值得挣。如果违背这个底线能让自己更快地挣钱，那这样的快钱也不值得挣。

很多人会认为给自己设这样的底线很傻，会限制自己追求成功的速度。表面上看是这样，但实际上绝对不是这样。只有拥有自己的道德底线，一个人才不会伤害自己和自己的利益，就像这篇文章开头的那个故事告诉我们的那样。

管理者在选择员工的时候也经常面临这样的两难困境：是选择有能力的人呢，还是选择有德行的人呢？我建议的排序是：

- 学历没有能力重要；

- 能力没有做出结果重要；
- 但一个人做出结果永远没有他是否有道德底线重要。

我曾看到这样一个消息：比尔·盖茨和巴菲特倡导的活动，“把自己超过一半的财富用于公益事业”，已经得到了40位美国最富有家族的响应。这其中有一个是来自华盛顿的Rubenstein家族。这个家族是每个去华盛顿旅游的人都会去参观的Smithsonian博物馆群的主要捐助者。当记者问到为什么要把超过一半的财产捐出时，Rubenstein回答说，“这个社会对我和我的家庭如此之好”。

如果说成功的底线是不伤害别人和不伤害社会，那么成功的上线就应该是尽量多地回馈社会，让我们对社会的回馈远远大于我们向社会的索取。这个差别越大，一个人的成功就越大。成功并不取决于我们拥有多少财富，只取决于我们拥有什么样的底线和上线。

:: 宋博士推荐微博：

◎赢，并不仅仅是指财富的多少。客户的赞赏、观众的掌声和同事的微笑，都可以是你赢的标志。

34 用人者如何修炼自己

我们其实最需要改变的是我们自己。我们要学习、领悟、修炼。我们可能既学习也领悟了不少的管理的知识和原则，但要真正掌握它，还要我们一辈子的修炼。修炼是什么？修炼是坚持。

作为管理者，我们最终都离不开自我成长：

- 我们要想留住人，就必须学会拥有比下属更高的领导力；
- 我们要想建立优秀的企业文化，也必须要在自己身上下功夫；
- 我们要想做优秀的管理者，还必须要不断地修练自己，让自己变得更有“信”（别人信自己以及自己信别人）。

古埃及的一个法老的墓碑上刻有这样一段话：

当我年轻时，我觉得有能力并决定要改变世界。

当我成熟智慧时，发现这是不可能的。

所以我决定，只改变自己的国家。但这也是不可能的。

当我暮年时，我试图改变我的家庭。这是离我最近的。但这也是不可能的。

现在，我就要死了。

我明白了：

我如果改变了自己，那么我作为榜样将影响我的家庭。

这将激励我改变我的国家。

也许我也因此改变了世界！

我们现在知道，**我们其实最需要改变的是我们自己，**我们其实是比那个法老还要幸运的。

如何改变自己？

学习、领悟、修炼。

当苏格拉底被一个学生问到，如何才能得到更多的知识的时候，他把这个学生拉到一个水盆旁，并把学生的头按进水里，等了几分钟后才让他把头抬起来。

然后他问气喘吁吁的学生：

“刚才你的头在水里的时候你最希望得到什么？”

学生回答说："空气。"

苏格拉底说："如果你像刚才想要得到空气一样想得到知识，你就一定能得到。"

我们真的想像得到空气一样得到管理的知识吗？

你可能经常抱怨命运的不公，让你有那么多的失败，却少有成功。不过，先让我们看看别人是怎么说的：

我从没有失败过。我只不过发现了1万条行不通的方法。

——爱迪生，科学家

尝试你所做不到的事情，尝试、失败、然后再尝试。那对我来说就是成功。我的成就将根据我们经历的失败的价值来衡量。

——福克纳，小说家

许多人都梦想成功。对我来说，成功只能通过反复的失败和反省才能获得。事实上，成功代表了你全部工作的1%，而它是从99%的所谓的失败中得来的。

——本田宗一郎，工业家

你领悟了吗？

营销学大师科特勒说："你可以用一个学期的时间学习到所有的营销知识。但真正要掌握并运用它你却要花一辈子的时间。"

我们可能既学习也领悟了不少的管理的知识和原则，但要真正掌握它，还要我们一辈子的修炼。修炼是什么？**修炼是坚持。**

世界上没有什么东西可以代替坚持。才能不能代替坚持，有才能却没有成功的人到处都是。天才不能代替坚持……教育不能代替坚持，世界上充满了被遗弃的受过教育的人。只要坚持和有决心，就无所不能。这个口号已经解决了和将解决人类所有的问题。

——柯立芝，美国第30任总统

宋博士推荐微博：

◎（转发）【韦尔奇谈领导力8准则】1. 坚持不懈提升团队，每次见面都要帮其树立自信；2. 让员工拥抱梦想；3. 深入员工中间传递乐观精神；4. 以坦诚、透明度和声望赢得信赖；5. 有勇气做不受欢迎的决定，说得罪人的话；6. 以好奇心甚至怀疑精神来监督推进业务；7. 敢于承担风险，勤奋学习，身先士卒；8 懂得欢庆。

◎（转发）【Leader is reader. 领导者一定是阅读者】每个人接受新知的方式不同，有人通过看、有人通过听、有人通过亲身体验。无论如何，阅读是最系统地获得知识的方法，它也许慢，效果却最深远。

35

给新入职场年轻人的忠告

在企业和职场中，会做人和会做事才是第一重要的。我自己是过来人，我建议职场新人不要相信所谓的“职场潜规则”，也不要相信所谓的“快速成功秘诀”。恰恰相反，年轻人应该坚守自己做人做事的底线，应该相信“职场的正规则”。

《赢在战略》研讨会上，有一位来自山西的客户是做职业教育的，其他29位老板都是做企业的。做职业教育的老总请大家为她出出主意，到底现在企业需要什么样的人？她应该为企业培养什么样的人？

参会的老板们七嘴八舌提了很多想法和建议，其中一位自己有几百个员工，每年亲自面试不少于1000个学生的老总说法最为典型：在他看来，现在学校里（包括本来专门为企业培养实用人才的专科学校）培养出的人 90% 企业不能使用，企业要负担大量的内部培训工作，才能把部分学生转化成企业的合格员工。

为什么学校培养出来的人 90% 不能直接用？这个老总的看法是，大部分学校只教会了学生一些知识，却没有教会学生如何做事，更没有教会学生如何做人。**而在企业和职场中，会做人和会做事才是第一重要的。**

和参与研讨的其他老板一样，我也非常认同这个老板的说法。在企业，做人永远是第一位的，没有做人这个基础，一个人再有知识和能力，他对企业也不会有太大用处。在做好人的基础上再有做事的能力，这样的员工到任何地方都不用担心自己的生存和发展。

很可惜的是，我们大部分学校并不把教会学生做人做事当作自己的任务，而是不停地给学生大量灌输一些出了校门就没有用的、和社会需要脱节的知识。而当这些学生走向社会，在企业寻找自己的生存之道时，市场上又有大量的“成功学”和“职场小说”带给这些迷茫的新人一些“快速成功秘诀”和“职场潜规则”，更加强化了很多学生本来就有的不会做人做事的弱点。

我自己是过来人，我建议职场新人不要相信所谓的

“职场潜规则”，也不要相信所谓的“快速成功秘诀”。恰恰相反，**年轻人应该坚守自己做人做事的底线，应该相信“职场的正规则”**。

如果要给职场新人一些建议，我的忠告就是坚守下面这些非常普通的做人做事的原则。它们不能为你带来短期的、快速的“成功”，却能让你一辈子受益：

1. 在企业里，诚实是解决问题最好的方法。欺骗不是。
2. 在企业里，积极是最好的态度。抱怨不是。
3. 在企业里，感恩是最好的品德。计较不是。
4. 在企业里，学习是最值得做的事情。守成不是。
5. 在企业里，结果是最好的证明。辛苦不是。
6. 在企业里，分享是最大的幸福。提防不是。
7. 在企业里，沟通是取得成功最重要的保障。封闭不是。

有人会说，这些原则在小公司可能行得通，在大公司行不通。我自己也在大公司工作过，过去在罗兰贝格做的管理咨询也主要为大公司服务。即使是在大公司，我也相信以上的做人做事原则是让一个人不断成长的前提。那些让人津津乐道的“职场潜规则”和与之对应的“大公司政治”，一方面会让这些大公司慢慢走向死亡，另一方面也是大公司里员工不快乐的根本原因。

有人会说，这样的原则都是为老板服务的，你是老板，所以你宣扬这样的东西。一方面，我相信我个人的成长和我自己一直相信这些原则有直接关系；另一方面，对这些原则反其道而行之最大的受害者一定是他本人。我不相信一个信奉欺骗的人会是一个幸福的人；我不相信一个总在抱怨的人会是幸福的人；我不相信一个斤斤计较的人会是一个幸福的人；我不相信一个一成不变的人会是一个幸福的人；我不相信一个只会让自己辛苦却不出成果的人会是一个幸福的人；我不相信一个处处防人的人和一个不愿与别人沟通的人会是一个幸福的人。

:: 宋博士推荐微博：

◎（转发）年轻时候，遇上了一个新老板磨合得很不顺畅，觉得受了六个月的“委屈”，后来给挺过去了，更成为好朋友。现在回想，当时的所谓“委屈”其实是一种心态的提升，磨合不好是自己的问题，这个老板是提供给我一个修炼的机会，真该好好地感谢他，年轻人千万不要怕受“委屈”。

宋博士简单管理系列

冯仑、牛文文等商界名流郑重推荐：

宋新宇——中国最贴心的老板顾问

16岁北大高考状元　1981年选送留德，科隆大学经济学博士

罗兰·贝格（中国）创建者　10年易中创业，服务50万中小企业客户

创办《易友》《老板顾问》《老板学》和WWW. XUE24. COM平台

让经营回归简单

——宋新宇博士帮你突破增长的瓶颈

让经营回归简单就是让自己（老板）、战略、客户、产品、员工、成长和学习简单。宋博士告诉你经营的秘诀，帮你迅速突破增长的瓶颈。读完这本书，你将会明白：

为什么最容易做的是第一

为什么要裁减客户

如何做到让客户主动来找你

如何避免老板常犯的37个错误

为什么家族企业也可以做大

比利润更重要的是什么

如何在一个弱势行业增长

做老板的不易之处在哪里

如何把企业做大

最好的顾问在哪里

让用人回归简单

——宋新宇博士帮你解决用人难题

“得人才者得天下，得人心者得人才”，认清和顺应当今人才管理的八大趋势，运用正确的人才管理方法，才能立于不败之地。

宋新宇博士在本书中从“用人的原则、用人的难题与误区、用人的方法、用人者的修炼”四大方面给中小企业的管理者们指导，帮助中小企业管理者找到适合自己企业的用人之道。

畅销书《海底捞你学不会》的作者黄铁鹰先生盛赞本书是中小企业主的必备工具书，比稻盛和夫、李嘉诚、韦尔奇、王石、柳传志、马云等更具实操性。

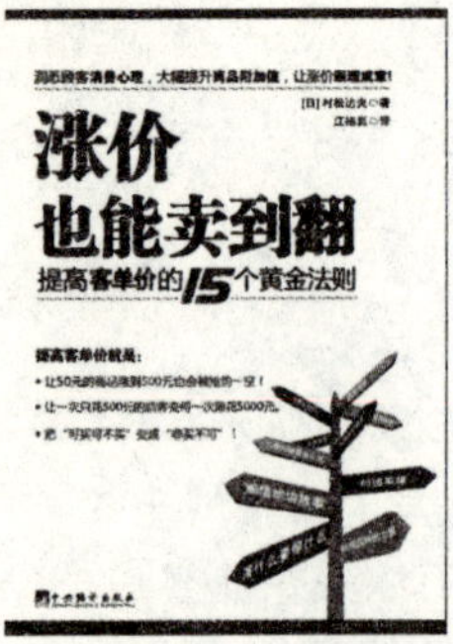

涨价也能卖到翻

——提高客单价的 15 个黄金法则

[日]村松达夫　著

厂家、商家都在抱怨:毛利太低,卖得再多也不赚钱!

作为日本知名营销专家,作者针对这一困境告诉你:其实消费者是愿意花钱的,你一定有办法让他高高兴兴地把钱掏出来!

作者在书中,分享了他经过多年实践总结出的 15 个黄金法则,以帮你提高客单价,即让每个顾客在你的产品上、在你的店里掏出更多的钱,让你的东西涨价也能卖到翻!

卖轮子——选择最佳营销方式

[美]杰夫·科克斯　霍华德·史蒂文斯　著

这是一本特好玩的营销启蒙书,没有枯燥的概念、没有抽象的案例,有的只是古埃及的一对夫妇和他们的四个销售员一起把石头轮子卖到全国各地赚了大笔钱的神奇经历。

你不必期待用这本书解决你关于营销的所有疑惑,但你一定能享受一次妙趣横生的阅读之旅。我敢打赌,这一定是第一本你能够一口气读完的营销书!

中层领导力

——来自世界 500 强的中层内训课

[韩]崔秉权　姜珍求　金贤基　韩桑烨　著

本书由韩国四位著名领导力专家合力完成。他们来自企业管理现场,通过真实的职场故事,塑造了好中层、坏中层两个形象,帮助中层管理者认清自身管理上的不足,快速提升领导力,更好地激发团队工作热情,实现下属、自身、企业的多赢!

以下为送给中层的“六面镜子”:

无能上司造就低能下属	监工上司造就爱搞小动作的下属
独裁上司造就盲从下属	自命不凡的上司没人帮
推卸责任让下属无所归依	工作狂上司身边充满好吃懒做的下属

新书预告，敬请期待：

边干边学做老板

——一个小公司老板的日常管理

黄中强　著

员工百余人，年销售额几千万，问题几百个。像这样的公司该怎么管？

公司里该不该用亲戚？

如何给员工授权？

如何考核非业务部门？

如何巧用“鲶鱼效应”？

员工要穿什么样的衣服？

如何在公司里实施改革？

老板的形象有多重要？

…………

一个成功管理小公司的资深老板，会把自己十多年的心得透露给你吗？

是的！

这是一本由一个小公司老板写的关于自己公司日常管理实践的好书，还未出版就在天涯论坛“管理前线版”阅读40万次！

本书将作者自己在公司经营、管理中的经验教训全盘托出，全方位介绍了做老板必须注意的83个要害。对广大企业经营、管理者有着巨大的借鉴价值！

同时，作者绘声绘色的讲述，一定会在启迪管理智慧的同时，博得你会心一笑！

产品炼金术

——打造畅销产品的新思维与好方法

史贤龙　著

如何寻找产品的细分市场？

如何挖掘目标消费者的潜在需求？

如何设计产品的独特销售卖点？

如何对产品进行策略定价？

如何挖掘产品的增长潜力？

…………

本书从重新认识产品的价值、策划畅销产品、制订产品策略、新产品开发、产品线整合、产品生命周期、产品驱动三阶段、产品管理团队的领导、产品驱动的进化等问题出发，告诉你打造畅销品的新思维与好方法。

作者史贤龙先生是上海博纳睿成营销管理咨询公司董事长、首席顾问，在中国营销界得到广泛的认可和好评，曾帮助嘉士伯（Carlsberg）啤酒、青岛啤酒、贵州醇、茅台不老酒、致中和酒业、金丝猴集团、喔喔食品等百余家企业解决营销管理难题。

学话术，卖产品

——张小虎帮你成为门店销售专家

张小虎　著

导购员如何一眼洞穿顾客需求？

顾客进店不说话怎么办？

顾客认为价格太高怎么办？

…………

本书针对导购员遇到的顾客的各种异议给出了实战话术指导，将其分解为 12 大动作并附有 10 个案例拆解。旨在给销售一线的业务员、导购员提供一套如何与顾客沟通、化解顾客异议并促成交易的指导意见，让一线导购员的工作“有章可循”，把普通人变成销售高手，使得门店销售从此变得简单。